「困った会議」の進め方・まとめ方

リック・ブリンクマン
Dr. Rick Brinkman

菊池由美 訳

DEALING with MEETINGS YOU CAN'T STAND

t Less and Do More

私たちひとりひとりが変化をもたらします。
変化をもたらし、対立や両極化を
コミュニケーションや協調に変えるあなたに、
本書を捧げます。

DEALING with MEETINGS YOU CAN'T STAND:
Meet Less and Do More

by Dr. Rick Brinkman

Japanese translation rights arranged with
McGraw-Hill Global Education Holdings, LLC,
through Japan UNI Agency, Inc., Tokyo

目次

パート2　会議の前に　53

パート3　会議中、そして会議の後　103

パート 1

「困った会議」の問題点

序　「困った会議」を解決しよう

人類がいまだ自らの可能性を最大限に発揮することがなく、今後も決して発揮できないであろう理由をひとことで言えば、それは「会議」のせいである。

——デイブ・バリー（コラムニスト）

私は今でも、初めて出席した会議のことをよく覚えています。当時の私は、自然療法の学校を卒業したばかりの、大学病院の研修医でした。そこでは週に一度、医師全員が集まる症例検討会議が開かれていました。その会議は、医師たちが知っておくべき情報を共有し、あらゆる問題を話し合うことを目的とし、自分の患者が抱える症例について、経験豊かな医師の意見を聞く貴重な機会になっていました。

医師たちは小さな部屋にぎゅうぎゅう詰めになり、輪になって座りました。臨床部長が口火を切ります。部長の話は、医師たちがそこに集まっている目的とはまるで関係がないように思えました。話題が次々にとりとめなく移り変わるのです……。

読者の皆さんも、きっと想像がつくことでしょう。私は部屋にいる人数を数えました。話す機会は全員に与えられると思っていたのですが、残り時間から計算すると、そんなことはとても無理でしょう。部長に視線を戻すと、まだ眠気を誘うような単調な話をだらだらと続けています。その日、私は誓いました。開業したら、自分がすべてを掌握できない会議には絶対に出席しないぞ、と。

完全に時間の無駄と思われる会議に出席したことがありますか？　あるいは、延々と続く誰かの話に耳を傾けながら、「要点は何だろう？」と思ったことはありますか？　出席者がほかの人をののしり、思うがままにふるまうような会議を経験したことは？　どんな意見もこきおろすような人を見たことはありませんか？

会議に事実上参加しない人たちもいます。意見も言わず、意思決定にも貢献しませんが、そういう人はたいてい、決定事項に対してあとから不満を述べるのです。この会議は、本来なら半分の時間で終わらせられたはずだと思ったこともあるでしょう。そもそも自分がなぜ出席しているのか、よくわからない会議も経験したことがあるのではないでしょうか。

ここで、よい知らせと、悪い知らせがあります。悪い知らせからお伝えしましょう。会議は不可欠なものです。しかし、よい知らせもあります。たいていの人は、会議が大嫌いです。したがって、もしあなた自身が運営する会議でなくても、責任者に「会議をもっと効率的に運営し、短縮する方法を試してみませんか？」と提案すれば、「いや、そんなものは不要だ！」と返す人はめったにいないでしょう。

ウォートン応用研究センターの研究によれば、上級管理職は平均して週に23時間、中間管理職は11時間を会議に費やしているそうです。そして彼らの意見では、会議の44パーセントが非生産的なものだそうです[1]。

ハーバード・ビジネス・レビュー誌は、ひとつの組織の仕事時間のうち15パーセントが会議に費やされているとし、２００８年以来、その割合は増加していると報じました[2]。

２０１５年のハリス世論調査では、仕事を終えるための最大の障害は、会議に出席しなければならないことだと発表されています[3]。

ソフトウェア会社のルーシド・ミーティングズは、会議に関する２０１５年の報告書で、アメリカだけで毎日３６００万から５６００万件の会議が開かれていると推定しています。不必要で非生産的な会議の費用は、毎年７００億から２８３０億ドルにのぼると推定されているのです！[4]

これらの数字のほかに、もしあなたがその会議に出ていなければ、たくさんの重要なことができたはずだ、ということも忘れないでください。

会議の4つの困った点

私は30年以上にわたり、コミュニケーションについて指導してきました。私の調査によると、会議における問題点は４つのカテゴリーに分類できます。準備、出席者、プロセス、時間の４つです。以下に、私の長年の経験のなかで耳にした問題点を記してみます。あなた自身が経験し、気づいた問題点が、これらのカテゴリーにあてはまるかどうかを確かめてください。

準備

◆議事計画や目的が明快でない
◆議事計画の記述がお粗末
◆「その他の協議事項」から始まり、その後、議事計画に取りかかる
◆個人的な問題について話し合う
◆議題の項目が全員にかかわるものではない
◆必要ないのに定例会議が開かれる
◆会議に適切な者が出席していない
◆人数が多すぎる

出席者

◆競い合って発言する
◆その場を牛耳る
◆準備ができていない
◆何も言わない
◆煮え切らない
◆終始、否定的
◆調子に乗ってひとりで話し続ける
◆他人の意見を聞かない
◆知ったかぶりをする
◆性格の不一致
◆会議に姿を現さない

プロセス

◆プロセスが不明瞭
◆遅刻者に合わせる

◆制御不可能なことに関する非生産的な議論が交わされる
◆退屈
◆携帯電話
◆脱線した意見
◆中傷的で皮肉な意見
◆内輪の会話
◆同時に複数の作業
◆無関係の話題
◆秩序のない発言
◆優先順位がない
◆行動に集中していない

時間

◆遅刻者
◆定刻に開始しない
◆会議や議題に十分な時間があてられていない
◆定刻に終わらない

◆長すぎる
◆時間の管理がうまくいっていない
◆会議が重複し、次の会議の時間がなくなる
◆会議が多すぎる

これらのうちに、おなじみの問題はありませんか？　しかしビジネスを進めるには、いやがおうでも会議が必要なのです。

そこで私は、「**ジェット会議法**」を開発しました。会議の出席者を飛行機の乗客と考えてください。全員が一定時間、同じ空間に閉じこめられているのです。空の旅、あるいは会議は、定刻にスタートすることもあれば、遅れることもあります。コースを外れることもあれば、ハイジャックされることがあるかもしれません。終わるのが遅くなって、乗客（出席者）が乗り継ぎできなくなる（次の会議に出席できなくなる）こともあるでしょう。居心地が悪く、時間の無駄のように思えることもあります。議論が紛糾したり、荷物が多すぎたりすることもあるでしょう。

私はリック博士。当機の機長です。よいお知らせがあります。会議を変えるのに時間はかかりません。私の方法が、準備、出席者、プロセス、時間のすべての問題に働きかけるからです。「ジェット会議法」をあらゆる種類の会議に適用する方法を教えましょう。出席者の数や会議の

序
「困った会議」を解決しよう

雰囲気にあわせて調整することも可能ですし、バーチャル会議にも、実際に対面する会議にも使えます。

きちんと機能する会議は、刺激的で活力に満ちています。参加者は、自分よりも大きなものの一部となれるのです。「ジェット会議法」を使えば、常にその状態を達成できます。簡単に実行する方法をお教えしましょう。私は20年以上にわたって観察を続けてきました。実験し、試し、失敗し、成功し、ついに会議が常にうまくいく方法を見つけたのです。

散漫な会議を集中した会議に、長すぎる会議を適正な長さの会議に変えられます。そのとき、出席者の態度も魔法のように変わるでしょう。相手をののしったり、否定的だったり、無言だったりした人が活気を得て、会議に貢献するようになるのです。まさに、驚くべき変化です。

本書では、どんな会議にもすぐに使える方法を紹介します。最初から順を追って読むことをお勧めします。それぞれの「ジェット会議法」が、次の方法の支えとなるからです。究極的には、会議の出席者全員に本書が必要となるでしょう。そうすれば、全員がプロセスを理解できるだけでなく、プロセスを維持することができるようになるのです。

各章の最後には、「会議が変わるとき」と題した項目を設けました。クライアントが話してくれた逸話や、私自身が会議で経験したことです。本書で学んだ技術を実践した後、あなた自身が経験した「会議が変わるとき」の話も聞かせていただけたら幸いです。

さあ、始めましょう。会議の質を高め、時間を有効に使えるようにする心構えはできましたか。シートベルトを締めて、空の旅をお楽しみください。

会議が変わるとき

ひとり遊び

私たちのチームは、2週間に一度会議を開いて、スケジュールや短期的活動、未決の事例などについて話しあっています。会議が開かれる大会議室の中央には、長テーブルがおかれています。出席者はそのテーブルの両側と、部屋の壁ぎわに並んだ椅子に座ります。会議のたびに、私は部屋を歩き回りながら、新たな情報や問題がないかと尋ねます。

ある日のこと、ひとりのメンバーが壁に向かって座り、タブレット型のコンピュータにメモをとっているのが目に入りました。ですが実は、彼はメモをとっているのではなく、「ソリティア」というゲームで遊んでいることがわかりました。私はそのタブレットを取りあげてプロジェクターに接続し、ゲームを終わらせる手伝いをするよう、チーム全員に依頼しました。そして会議を閉会したのです。

その行為が都市伝説として広く伝えられることになるとは、そのときは少しも思っていませんでした。（消費者技術会社のプログラム・マネージャー）

1

会議における「困った人」

どんな困難のなかにも、チャンスはある。
――アルベルト・アインシュタイン

まずは、人間関係の問題を確かめておきましょう。会議の出席者のほとんどが、やるべきことをたくさん抱え、会議の時間の半分は無駄だと感じているなら、会議に対してすでにストレス反応を起こしています。ストレスを受けた人々がやりがちな問題行動は、リック・カーシュナー博士との共著『「困った人」との接し方・付き合い方』（邦訳：パンローリング）に書いておきました。同書で強調したのは、相手の最もよいところを引き出すためには、相手の性格ではなく行動に着目するほうがはるかに効果的だということです。

性格とは、われわれが他者の行動を観察し、一般化して導き出したものにすぎません。人の行動は、状況やその後の展開、いっしょにいる人との関係によって変わります。いつもいじめっ子のように見える人物が、違う状況でほかの人間といっしょにいるときには弱虫になっているかもしれません。私の妻は、「夫の話を聞くにはセミナーに参加しなきゃいけないのよ」と言うでしょう。社交の場ではたいてい、私はごく無口なものですから。

子どもをもつ親御さんなら、自分の子どもが友だちの家で遊んできたあと、その友だちの両親に、「おたくのお子さんはとても礼儀正しくて役に立ちますね！」と言われて驚いた経験があるのではないでしょうか。状況が変われば行動は変わり、人間関係が変わっても行動は変わるのです。

留意しておかなければならないのは、われわれ人間は、一度にたった７つ（１つ２つの増減はあり）のことにしか注意を払えない、ということです。人間の脳幹には、毛様体賦活系（ＲＡＳ）とよばれる部分があり、その多様な機能のひとつに「探知能力」があげられます。

たとえば、もしあなたが結婚したなら、急に、みんながどんどん結婚しはじめるような気がするでしょう。赤ちゃんが生まれれば、まわりにベビー・ブームが起きているように思えます。ある車種に興味を抱けば、やたらとその車が目につくようになります。

では、誰かの性格を否定的に考えれば、どうなるでしょう？　人をいつも否定的に見なすようになり、そうではないという証拠を無視するようになってしまいます。

ですから、行動に着目するほうが効果的なのです。そうすれば、「今、この瞬間」の状況と人

1
会議における「困った人」

間関係において起きていることに関心を向けることができるからです。着ていく服を、目的地や天候に応じて変えるのと同じことです。会議という特別な状況は、人の最悪な部分を引き出すようです。

もし会議がきちんと運営されず、時間を無駄にしているなら、出席者がストレス行動に走る可能性が高まります。さらに悪いことに、ひとつのストレス行動は、たいてい、ほかのストレス行動を引きおこすのです。たとえば、会議の出席者のひとりが支配的な態度をとると、自己主張の強いほかの出席者も支配権をとろうとして張り合うでしょう。支配権争いの間、残りの出席者は引きこもり、やる気を失うか、最も優勢な人間に追随しようとします。自分の本心は、会議が終わるまで明かそうとしないのです。

前著『「困った人」との接し方・付き合い方』では、人の行動の理由を整理し、それを理解する方法について書き、その方法を「理解のレンズ」と呼びました。会議での行動の理由を理解することは、その対処方法に至る最初のステップです。また、本書に述べるプロセス（過去20年にわたって私が試し、使ってきたもの）を実践すれば、そういった困った行動を未然に防ぐこともできるでしょう。冗談ではなく、本当です。

協調領域

次の「**理解のレンズ**」を見てください。

！注意：これは性格の分類ではなく、行動の分類です。こういった行動を、状況や人間関係に応じてさまざまな度合いに分類することは、誰にでもできます。この章では、会議という状況で発生する行動に焦点をあてます。

中央には、「**協調領域**」があります。人がこの領域にあるとき、問題は起こりません。また、どんな人も、４つの基本的な目的をもっています。

◆終わらせる
◆きちんとやる

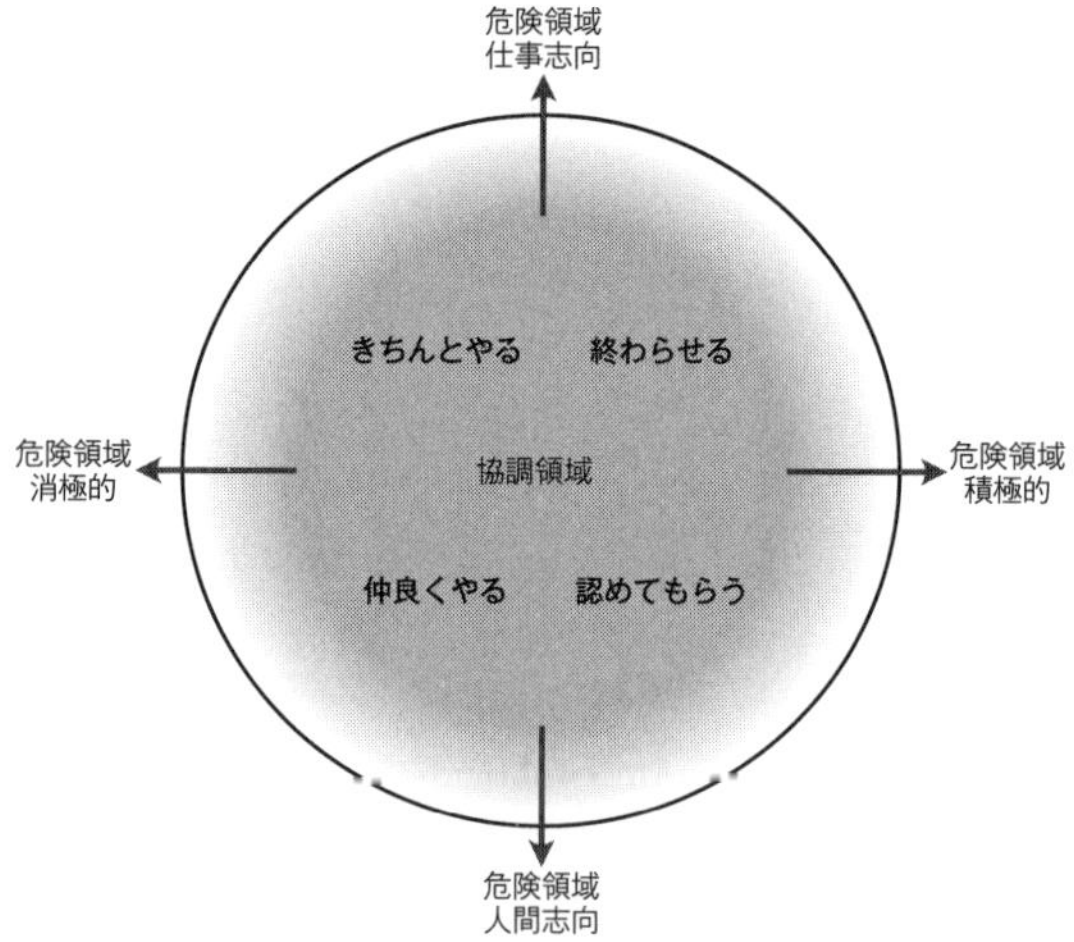

◆仲良くやる
◆認めてもらう

状況やその後の展開、いっしょにいる人との関係に応じて、これらの目的のどれかが優先され、その方向に向かった行動が発生します。

「終わらせる」モードの人は、目の前の仕事に集中し、より積極的に実現する行動をとります。

「きちんとやる」モードの人は、仕事に集中するのは同じですが、積極性は薄れ、きちんとやるためにゆっくりと行動する傾向があります。

「仲良くやる」モードの人は、より消極的になってほかの人に譲り、相手の欲求を自分の欲求よりも優先しがちです。

「認めてもらう」モードの人は、人に認めてもらうために集中を高め、積極的に他者に貢献しようとします。

注意領域

ある状況において、必要とするものが得られないとき、人は「**注意領域**」に入り、行動がやや過激になります。たとえば、「終わらせる」モードの人が、それを実現できないでいると、より支配的になります。早く終わらせようと努力するあまり、支配的になるのです。

「きちんとやる」モードの人が、他人が細部にあまり気を配っていないことに気づくと、そのうめあわせとして、より完璧主義になります。

「仲良くやる」モードの人が、他人の反対や非難を受けるかもしれないと不安になると、さらに承認を求める行動に出るのです。

そして、もし「認めてもらう」モードの人が、他人の注目を集めていないと感じると、もっと注目を集めるような行動に走ります。

会議の出席者の行動に注目してみると、以下に述べるような目的や行動に従って、彼らがコミュニケーションをとり、行動していることに気づくでしょう。

◆終わらせる　↓　支配的

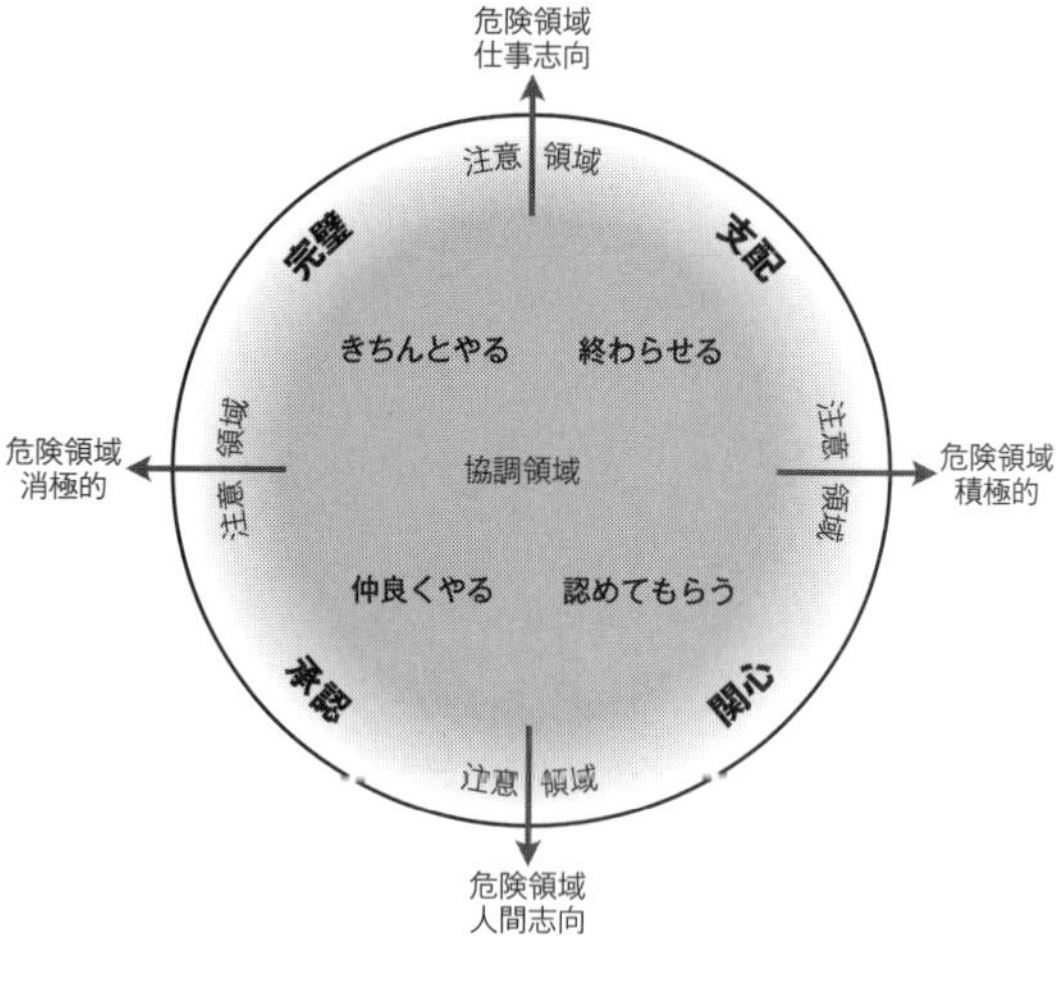

◆きちんとやる　↓　完璧主義
◆仲良くやる　↓　承認を求める
◆認めてもらう　↓　注目を求める

「注意領域」は、必ずしも問題とはいえません。それどころか、問題の解決となることもあります。誰かが支配的になることで物事が前進し、入念に気を配ることで細部まで確かめられるわけですから。

危険領域

ほんとうに強いストレスを受けると、人は「**危険領域**」に入ります。そんな人がどんな状況で発生し、どんな行動をするかを確かめて、会議に悪影響を与える理由を探り、ほかの出席者にどんな影響を与えるかを調べましょう。

まず、「終わらせる」という支配的欲求から発生するのは、〈戦車〉〈狙撃手〉〈博識家〉の3タイプです。

〈戦車〉タイプ

〈戦車〉になった人は、相手に割って入り、支配し、自分のものの見方を人に押しつけます。直接攻撃をすることもあります。〈戦車〉の行動は、「早く終わらせたい」、すべてを「支配しつづけたい」という欲求から生じます。

状況が手に負えなくなったときや、物事を早く終わらせられないと感じたときに、人は〈戦車〉に変貌します。極度に「終わらせる」モード、そして「支配的」なモードになり、そのせいでひどく冷酷になります。他人に個人的攻撃をすることもあります。皮肉にも、それは少しも個人的な行動ではないのです。彼らはただ相手を、目的の達成を妨害するもの、あるいは遅らせるものとみなして、排除しようとしているだけなのですから。

〈戦車〉が会議にもたらす影響は、ほかの人たちが「理解のレンズ」のどこにいるか、組織の中で〈戦車〉とどんな関係にあるかによって異なります。たいていの人は（とくに部下の場合は）、ただ引き下がって〈戦車〉の見方を黙って受け入れ、〈八方美人〉や〈何もしない〉人になります。そのうち、〈戦車〉の攻撃を恐れて、会議では何も発言しなくなるでしょう。

怒りや恨みを我慢している人は、〈狙撃手〉、つまり妨害する人になります。〈戦車〉の行動に不満を抱いて、その背後から狙撃したり、妨害工作をしたりするのです。〈戦車〉と同じ地位にある場合は、会議中に直接〈戦車〉に皮肉な意見を放つこともあるでしょう。もちろん、そのせいで事態はさらに紛糾します。いっぽう、同じぐらい「終わらせる」＝「支配したい」タイ

プの同僚は、会議中に全面的な戦車戦を始めるかもしれません。

〈狙撃手〉タイプ

「狙撃」には、言葉によるもの、言葉を使わないものなど、いろいろな形があり、悪意のあるものも、友好的なものもあります。言葉を使った狙撃には、皮肉な意見や口調、ジョークに見せかけた鋭い一撃などが含まれます。質問や意見の形をとって発表を妨害することもありますし、会議中にほかの話をするような場合もあります。言葉を使わない狙撃では、たとえば目をぐるりと動かしたり、薄ら笑いを浮かべたりといった表情を使います。

悪意のある狙撃は、「終わらせる」＝「支配的」なモードのときに生じます。恨みや怒りを部分的におさえつけた〈狙撃手〉は、狙撃され

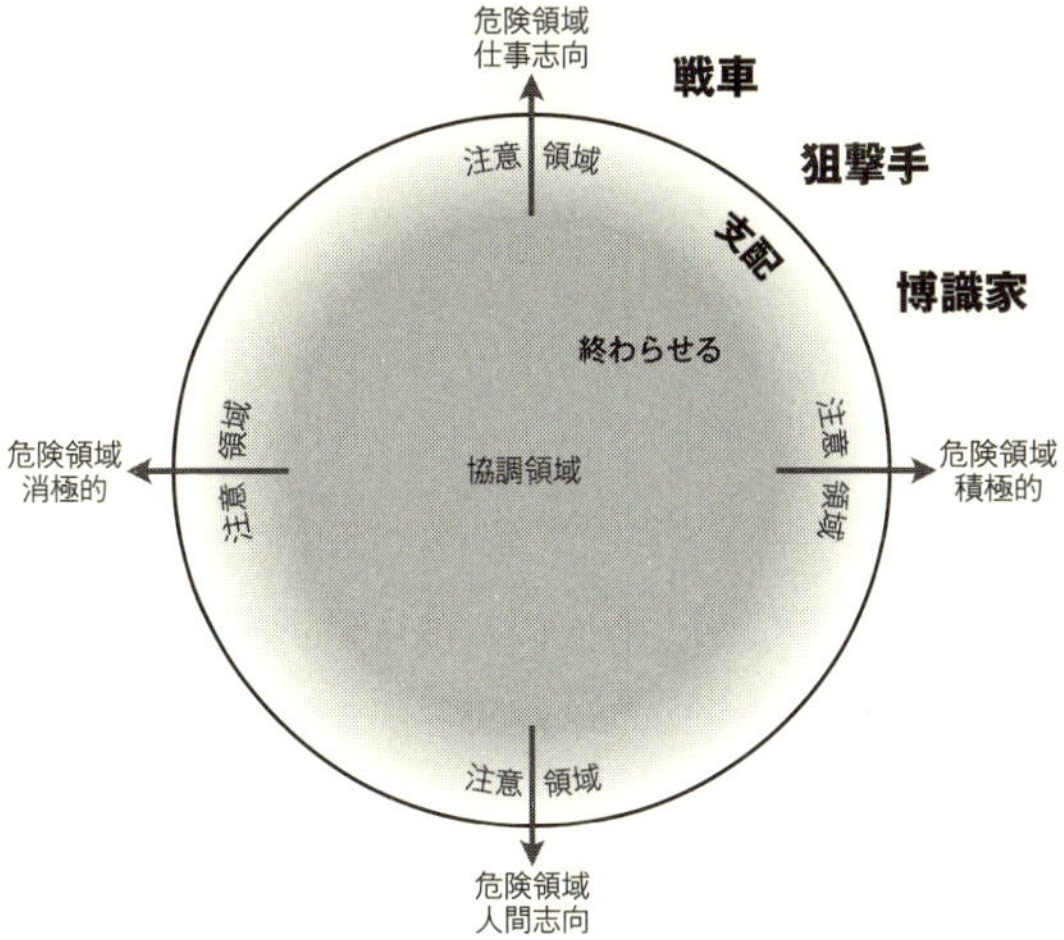

るのではないかという恐怖を使って、ほかの人たちを支配することができます。「友好的な狙撃」は、「認めてもらう」「注目を求める」モードのときに起こります。その場合、〈狙撃手〉は狙撃する相手を実際に気に入っているのです。

どちらの場合も、〈狙撃手〉は集中を乱し、会議の目的を混乱させます。また、会議の参加者が、おもしろ半分に、あるいは悪意を抱いて狙撃に加わることもありますし、混乱させられたことに憤って〈狙撃手〉を狙撃しかえすこともあります。

〈狙撃手〉は、〈戦車〉タイプの人を会議に招いてしまうこともあります。なぜなら、「早く終わらせたい」と思う〈戦車〉は、〈狙撃手〉が会議を混乱させたことに激怒するからです。ただ引き下がって〈何もしない〉人になる出席者もいるでしょうし、会議中、あるいは会議のあとで愚痴をこぼしたり、否定的なことを言ったりする人もいるでしょう。

たとえ狙撃された人が倒れず、自尊心という名の防弾チョッキを身につけていたとしても、〈狙撃手〉は会議に破壊的な影響を与えます。〈狙撃手〉の発言のあと、部屋にいる出席者たちは、狙撃された人を見て「どう反応するのだろう?」と思い、〈狙撃手〉を見て「次はどんな手に出るのだろう?」と思います。そして「こんな状況になったとき、自分ならどうするだろう?」と考えるのです。おおむね、全員の関心があらぬ方向に向かいます。いったん狙撃が始まれば、会議は終わったも同然なのです。

〈博識家〉タイプ

〈博識家〉タイプの行動は、「終わらせる」＝「支配的」なモードのときに生じます。〈博識家〉タイプの人は、豊富な知識をもち、その知識を使って会議を支配しようとします。「仕事志向」ではあるのですが、〈戦車〉タイプほどその傾向が強いわけではありません。知識と高い自尊心が結びついたとき、〈博識家〉タイプはどんどん強くなり、会議を支配します。

彼らはおそらく、あるテーマについて95パーセントを熟知しているのでしょう。しかし、仮に飛行機の部品の5パーセントが取りはずされていたとしたら、その飛行機に乗りたい人などいるでしょうか？　そんなはずはありません！　会議のほかの出席者は5パーセントしか貢献できないとしても、その5パーセントが重要なのです。

けれども、〈博識家〉タイプの人が自分の知識をふりかざして脅し、見下してくると、たいていの出席者は、自分の意見を表明することをあきらめ、〈何もしない〉人になってしまうでしょう。〈博識家〉の行動が会議におよぼす害はふたつあります。尊大なふるまいで時間を無駄にすることと、ほかの人たちの意見を封じてしまうことです。

では、「理解のレンズ」の別の領域に移りましょう。「認めてもらう」ことを望み、「注目を求める」人たちの領域です。〈知ったかぶり〉〈手榴弾〉〈友好的な狙撃手〉がここに属します。

〈知ったかぶり〉タイプ

彼らの行動には、かなりいらいらさせられます。「認めてもらう」「注目を求める」気持ちから、〈博識家〉のように行動するのですが、実際には自分がしゃべっている内容を理解していないからです。それなのに、注目の中心でいたいという自尊心は〈博識家〉よりもさらに強いのです。

その行動が会議におよぼす害はふたつあります。ひとつは、自分ばかり悦に入ってしゃべりつづけ、時間を無駄にすること。もうひとつは、正しくない考えによって間違った方向にグループを導くことです。〈知ったかぶり〉が話すテーマについて知らない人は、かんたんにだまされてしまうかもしれません。〈戦車〉の攻撃を引きおこす可能性も高いでしょう。ほかの人たちが手持ちぶさたに感じ、携帯メールのチェックをしたくなってしまうことにもなりかねません。

〈手榴弾〉タイプ

これは昔からある、かんしゃくの爆発で、「認めてもらう」、つまり注目を求めるモードから生じます。手榴弾にストレスがたっぷりとつめこまれ、ピンが抜かれるのです。その理由の多くは、自分の話を聞いてもらっていない、自分の貢献に対して感謝されていないなどと感じた結果です。いったんかんしゃくが始まると、ほかのすべてが停止してしまいます。会議は事実上終了します。〈手榴弾〉の破壊は、「終わらせる」モードの人たちを激怒させ、〈戦車〉に変え

てしまうことがあります。

そして、〈戦車〉が〈手榴弾〉を攻撃すると、まさに火に油を注ぐようなものです。〈手榴弾〉のかんしゃくを前にすると、ほとんどの人は避難所を求めて走り、引きこもって〈何もしない〉人になってしまいます。会議に〈手榴弾〉が出現することで、長期的には、出席者が言動に非常に気を使い、さらに引きこもるようになります。しかし、それによって〈手榴弾〉がふたたび爆発することがあります。人々が引きこもると、〈手榴弾〉は自分が求めているようなレベルの注目を集められなくなるからです。

〈友好的な狙撃手〉タイプ

「友好的な狙撃」のうち、最もましなものは、軽い気持ちでからかったり、ユーモアをまじえてこきおろしたりすることでしょう。〈友好的な狙

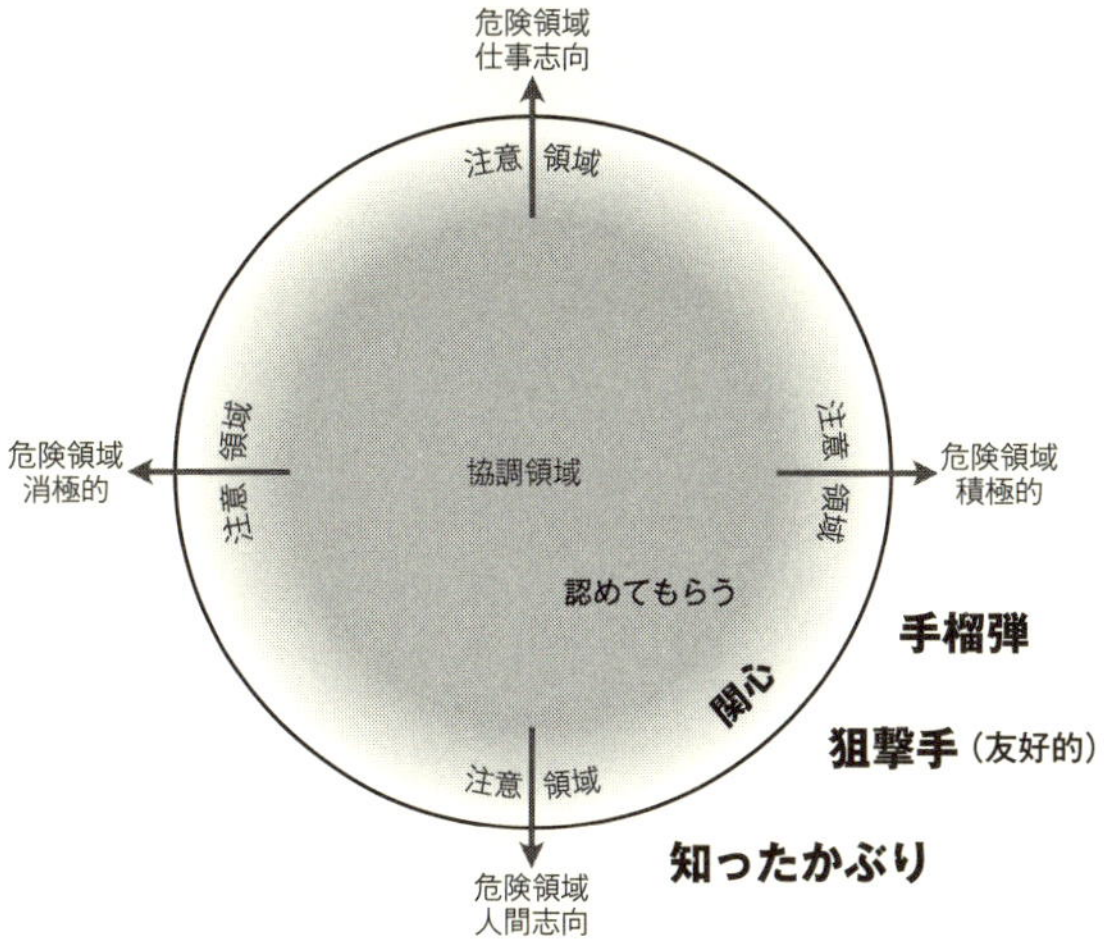

撃手〉は、ただふざけているだけで、誰かを傷つけるつもりはありません。その行動は、「認めてもらう」「注目を求める」モードから生じています。からかうことで、つながりをつくろうとしているのです。

しかし、会議の場では、それも集中を乱すものにすぎません。確かに、ジョークによって会議の雰囲気が明るくなることはありますが、そのせいで誰かを傷つけるのはいけませんし、多すぎるジョークは混乱を招きます。そのせいで、「終わらせる」モードの人たちが〈戦車〉に変わることもあります。狙撃は、どんなものであっても混乱を招くからです。さらに、その行動がほかの人に伝染して、〈友好的な狙撃手〉に変えてしまうこともあります。ちょっとした笑いはいいものかもしれませんが、会議の集中力は失われてしまいます。

さらに別の領域を見てみましょう。そこでは、「きちんとやる」モードの人が、完璧を求める気持ちを募らせます。そして、〈愚痴り屋〉〈否定人〉〈裁判官〉〈何もしない〉が生まれます。

〈愚痴り屋〉タイプ

彼らの愚痴がはじまるのは、「きちんとやる」「完璧主義」モードに入ったときです。理想と現実を比較し、何も打つ手がないという無力感を覚えるのです。

その無力感から愚痴が発生します。〈愚痴り屋〉は、自分がほかの人たちや状況の犠牲になっ

ていると感じます。そして、ふたつの結果が生じます。〈愚痴り屋〉は、間違った考えだけを見て、「正しいことなんて何もない」「全部間違っている」「いつもそうだ」と一般化して片づけてしまいます。彼らには、建設的な貢献というものがまったくできません。問題を解決するには、まずはその問題の特徴を確かめなければならないのですから。

もうひとつは、〈愚痴り屋〉の不平が会議の出席者たちを意気消沈させ、気力や創造性を奪ってしまうことです。残念なことに、愚痴には感染性があります。それはインフルエンザのようにチームに広がり、知らず知らずのうちに、出席者全員が愚痴をこぼすことになるのです。

〈否定人〉タイプ

ネガティブな態度が、最悪の形をとったもの

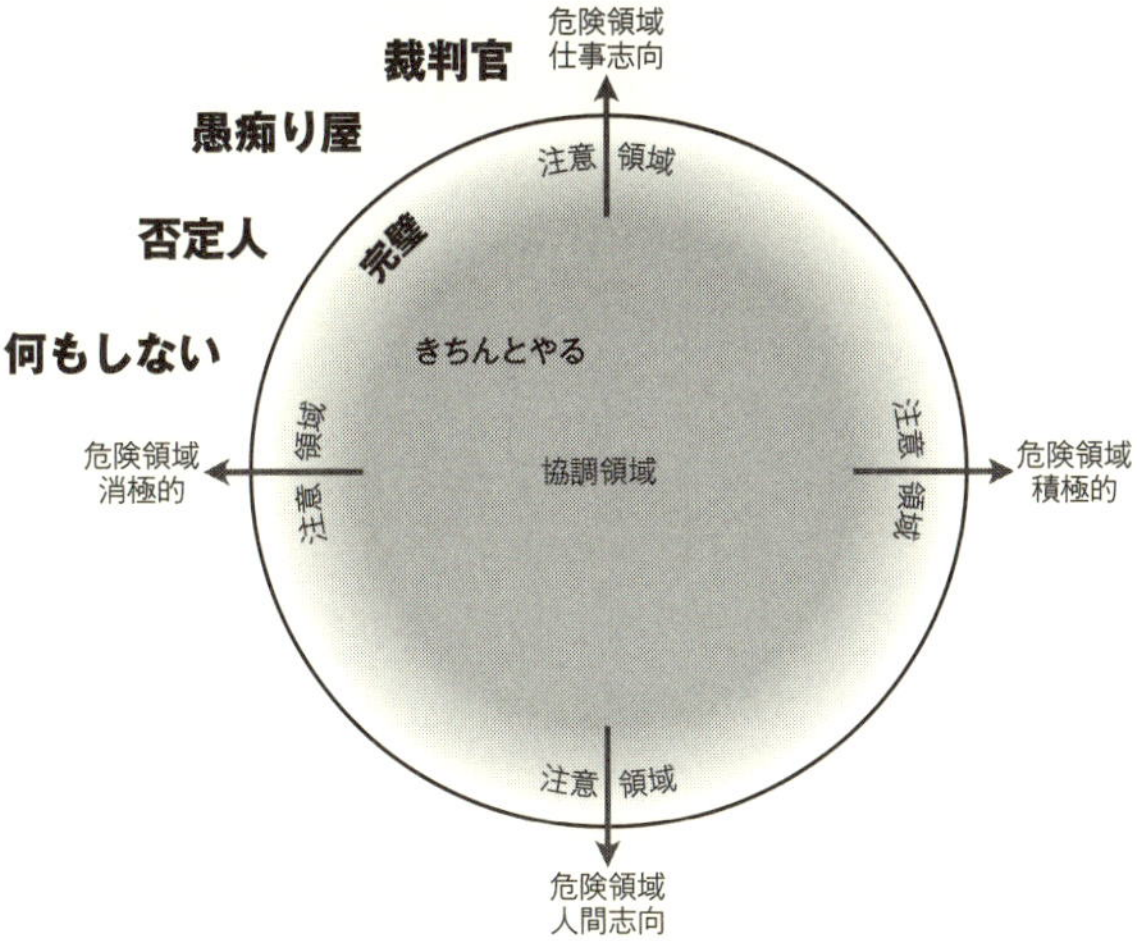

です。この行動も、「きちんとやる」「完璧主義」モードから生じます。〈否定人〉は、〈愚痴り屋〉と近い関係にあるのです。〈愚痴り屋〉が無力感を覚えるとき、〈否定人〉も無力感を抱いています。どちらも自分の悲観的な意見に確信があり、それを積極的に広めたがります。

〈否定人〉は、これから羽ばたこうとする思いつきを、未然に撃ち落とします。〈愚痴り屋〉と同じく、何もかも間違っていると一般化する傾向にあり、しかも、より強い確信を抱いています。ダークサイドの力によって、〈博識家〉と同じような傲慢さも抱いているのです。悲観的な態度もまた、感染します。会議の出席者全員から、創造性と活力が奪われてしまうのです。

もちろん、〈否定人〉は、自分が間違ったことをしているとは少しも思っていません。彼らのモットーは、「自分は悲観的ではない。現実的なのだ！」なのですから。

〈裁判官〉タイプ

〈愚痴り屋〉や〈否定人〉が一般化して話すのに対し、〈裁判官〉は細部のあら探しをして間違いに着目します。彼らの行動も、「きちんとやる」「完璧主義」モードから生じます。

会議で、〈裁判官〉は、議論にはあまり重要ではない、無意味ですらあるような細部に極端に集中します。その結果、会議の時間が無駄になり、出席者は不要な脱線に導かれることになります。そのため、「終わらせる」モードの人を怒らせ、その他の人々を静かな苦悩の中に引きこもらせてしまいます。

〈何もしない〉タイプ

この人たちは、単純に、何も言いません。その行動は「きちんとやる」「完璧主義」モードの葛藤から生じます。彼らはあきらめて、「いいよ、好きなようにやってくれ。だけど、うまくいかなかったからといって、泣きついてこないでくれよ」と言うのです。

いっぽう、「理解のレンズ」の「仲良くやる」「承認を求める」領域から生じるタイプの、〈何もしない〉人もいます。気のきいたことを言えないのなら、口をつぐんでいたほうがいいという信念の持ち主です。この領域には、愛想はいいけれども真意のつかめない〈八方美人〉や、決断のできない〈優柔不断〉もいます。

〈何もしない〉行動の原因が、「きちんとやる」「完璧主義」であろうと、「仲良くやる」「承認を

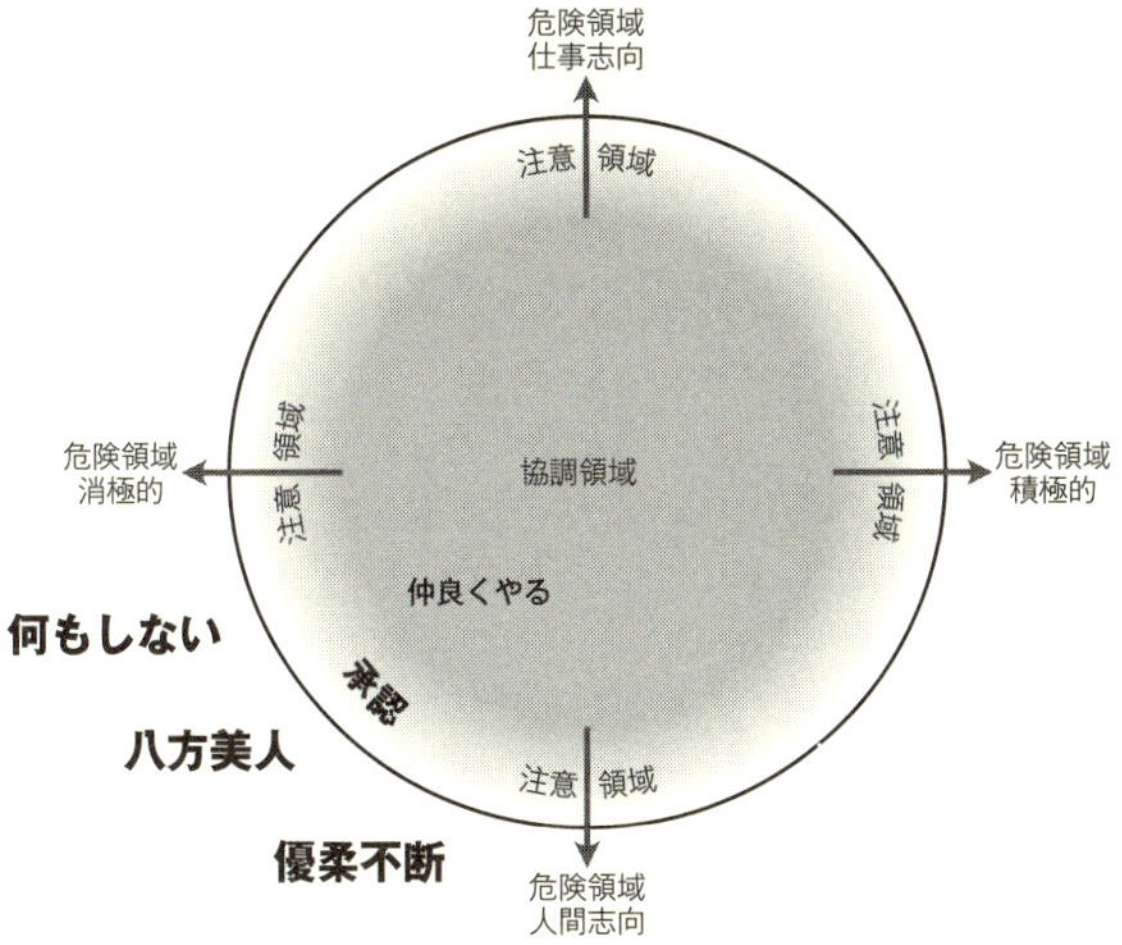

求める」であろうと、彼らが会議で発言することはありません。議論に参加しないため、真意をつかむこともできません。会議に貴重な貢献をしてもらえないのです。

彼らはまた、受動攻撃的な態度をとり、あとから妨害行動に出ることもあります。実は、決定事項に賛成ではなかったからです。決定事項の犠牲になったように感じ、会議のあとで、〈愚痴り屋〉や〈否定人〉になることもあります。採決を左右する機会は彼らにあったのに、やらなかっただけなのですが。

したがって、彼らが会議におよぼす悪影響は3つあります。ひとつ、単純に貢献しないこと。ふたつ、受動攻撃的になること。そして、〈戦車〉〈狙撃手〉〈博識家〉たちに自己主張の強い行動をするすきを与えること。

〈八方美人〉タイプ

〈八方美人〉な行動は、「仲良くやる」「承認を求める」モードから生じます。彼らが最も避けたいのは、波風を立てることです。自分の真の感情を抑えつけ、ひたすらみんなとうまくやろうとして、なんとしても争いを避けます。

この態度によって、会議はふたつの損失を与えられます。ひとつは、彼らの貴重な貢献やものの見方を得られないこと。もうひとつは、彼らが会議の結果に不満な場合にも意見をもらえないことです。その結果、彼らは受動攻撃的な行動に導かれます。不満のあまり、あとで小さ

な妨害行動に出たり、中傷に走ったりするのです。
〈八方美人〉も、自分が犠牲者のように感じて、〈愚痴り屋〉や〈否定人〉に変貌することがあります。無力感から愚痴をこぼし、否定的になるのです。しかし会議では、もっと主張の強い人の行動に進んで屈し、その意見に従うのです。

〈優柔不断〉タイプ

〈優柔不断〉な行動も、「仲良くやる」「承認を求める」モードから発生します。この行動は基本的に、〈八方美人〉が誰かの感情を傷つけかねない決断に迫られたときに生じるものです。〈優柔不断〉な人は他人の感情を傷つけたくありませんから、取り返しがつかなくなるまで、ぐずぐずと決断を先延ばしにします。そうすれば、勝手に決定が下され、自分が責任を負わずにすむのです。

会議において、決断を下すのが上司ひとりだったり、多くの出席者が〈優柔不断〉だったりすると、とっくの昔に終えるべきであった議論や情報が使い回され、同じ議題でたくさんの会議が開かれることになります。

危険領域の行動は、どれもあっという間に会議を崩壊させます。困ったことに、危険領域の行動は、同じ領域のほかの行動を引きおこしがちなのです。

会議のあとは、悪くなるばかりです。自分の時間を無駄にしたと感じ、別のストレス行動に走るからです。「終わらせる」モードに入って〈戦車〉の行動に出る人もいるでしょうし、無力感を抱き、〈愚痴り屋〉や〈否定人〉になって、会議の出席者以外にもうっぷんを吐きだす人もいるでしょう。

ここで、よいお知らせがあります。「ジェット会議法」を使って、会議で起こりがちな困った行動のすべてを未然に防ぐ方法を教えしましょう。会議以外の場所や人間関係で起きる困った行動をやめさせ、そもそも起こさせないようにする確実な戦略が必要なら、前著『「困った人」との接し方・付き合い方』をお読みください。

理解のレンズ

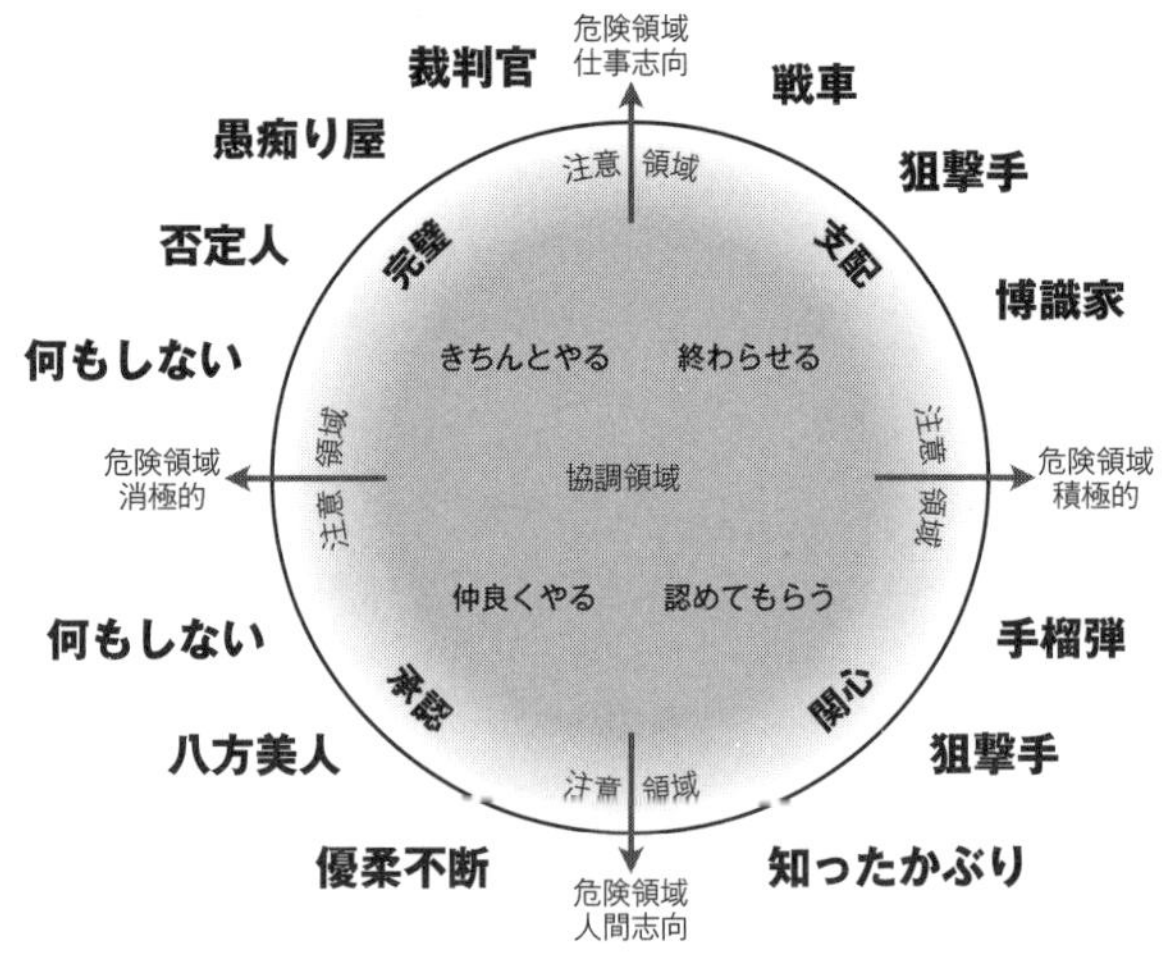

会議が変わるとき

昔ながらのトイレ戦法

１９９０年代、私は有名なテレコム研究所に勤めていました。研究所は、リック先生の「困った人」の研修ビデオを購入していました。当時の私の同僚のエンジニアに、〈手榴弾〉タイプがひとりいました。いつでも、どんな相手にでも爆発するのです。あるデザイン会議で、彼はいつものように怒鳴り散らし、わめいていました。そのとき、私は本当にトイレに行きたかったので、何も言わずに立ちあがって部屋を出ていきました。

戻ってきたとき、別のエンジニアが私を脇に引っぱって、「きみのやりかたはみごとだったよ」といいました。〈手榴弾〉は、私が出て行ったのは彼の行動に対する無言の抗議だと受けとったのです。彼はたちまち態度を改め、有益な存在に変わりました。驚いたことに、私の無言の非難が、彼の目をさまさせたのでした。（テレコム研究所のエンジニア）

まとめ

◆人の行動は、状況や人間関係によって変わる

・状況＝自分のいる場所や、進行中の出来事
・人間関係＝いっしょにいる相手

◆協調領域：誰もが4種の基本的な目的をもち、時に応じて、どれかが行動に影響を与える

・終わらせる＝仕事志向・能動的
・きちんとやる＝仕事志向・受動的
・仲良くやる＝人間志向・受動的
・認めてもらう＝人間志向・能動的

◆注意領域：必要とするものを得られないと、人は注意領域に入る（必ずしも問題とはならず、問題解決につながることもある）

・終わらせる＝仕事志向・能動的　↓　支配的
・きちんとやる＝仕事志向・受動的　↓　完璧主義
・仲良くやる＝人間志向・受動的　↓　承認を求める
・認めてもらう＝人間志向・能動的　↓　注目を集めたい

◆危険領域：強いストレスを受けると、人は危険領域に入る

・終わらせる＝仕事志向・能動的　↓　支配的
　↓　戦車／狙撃手／博識家
・認めてもらう＝人間志向・能動的　↓　注目を集めたい

1
会議における「困った人」

↓　知ったかぶり／友好的な狙撃手／手榴弾

●きちんとやる＝仕事志向・受動的　↓　完璧主義

↓　愚痴り屋／否定人／裁判官／何もしない

●仲良くやる＝人間志向・受動的　↓　承認を求める

↓　何もしない／八方美人／優柔不断

2 立体的思考

エ・プルリブス・ウヌム（多くのものから生じたひとつ）
――アメリカの国璽に刻まれたモットー

立体的思考の目標

私の経験では、会議の出席者全員が、何か貢献できる価値を備えているものです。それらのすべてをひとつにまとめたとき、よりすぐれたものが得られます。

人差し指を、自分の鼻先15センチのところに立ててみてください。右目を閉じてその指を見てから、今度は左目を閉じて右目で見てみましょう。これを何度か繰り返してください。右目、左目、右目、左目。すると、立てた指が動いて見えますよね。それぞれの目は、見る方向が違うのです。ふたつの目が、どちらの見方が正しいか、言い争っている場面を想像してみてください。ばかげているでしょう？　どちらも正しいのですから。そのふたつの見方を脳が統合し

た結果、立体的に見ることができるのです。

誰もが、自分の見方のうえでは正しいのです。ただ、ひとりの見方には限界があり、見逃していることはたくさんあります。ふたつの目の見方を統合することで立体視が可能になるように、複数の人間の異なる見方を統合すれば、どんな問題にも立体的思考ができるようになるのです。立体的に考えられるようになった人は、問題をより深く詳細に理解し、ひとりでは気づけなかったような多くの要素を考慮できます。立体的思考によって、より質の高いアイデアや解決法が迅速に生み出されるのです。会議の時間も短縮でき、そのぶんを仕事にあてることができるでしょう。

人の見方がそれぞれ異なるのは、個人的な経験の違いと、仕事に対する姿勢の違いによるものです。その人が、「理解のレンズ」のどのあたりにいるのかによっても異なります。例をあげてみましょう。私の顧客だった薬品会社は、新薬について話し合う会議を開いています。科学者、マーケティング担当者、管理者、弁護士が出席します。出席者はそれぞれの職業の性質に応じて、その新薬について異なった見方をします。

他人の見方について、出席者全員にできるだけ早く完全に理解させることができれば、対立を避け、多くの要素を含むより良いアイデアを生み出せるでしょう。さまざまな見方が存在し、なおかつそれらを統合しようとしないことが、会議で対立が生じる大きな原因のひとつなのです。見方を統合していくうちに、対立や誤解は回避され、会議の時間は短縮されます。そしてより生産的な、楽しいものとなるのです。

私は、とある全国的組織の理事会に参加していました。その会議では、会員について話し合っていました。私はこう言いました。

「われわれと取引をしていない顧客は、自分のニーズに合っていないと思っているのでしょう。彼らが実際に何を必要としているか、調査しなければいけません」

重役のひとり、ベッツィが言いました。「それはいい考えですね！」

私は、自分が調査の草案を書いて金曜までにベッツィに届け、入力してもらえれば、来週に発送できるでしょう、と言いました。

ベッツィは驚きました。「来週ですって!?　きちんとした調査方法を思いつくのには何カ月もかかるし、解析にも何カ月もかかるはずよ」

私は答えました。「何カ月も!?　この情報は、前回の理事会に必要だったものですよ。あなたの話では、次の理事会にも間に合いそうにないですね」

ここで、調査についての私たち見方が異なっていることに気づいたでしょうか。「理解のレンズ」でいえば、私は「終わらせる」モードにいます。「私がそれを書きあげて来週には提出しましょう」。ベッツィは、「きちんとやる」モードにいます。「何カ月もかけて、きちんとやる方法を調べましょう」

どちらの見方が正しいでしょうか？　どちらも正しいのです。私たちはそれぞれ、情報を早

く得る必要性と、正確に行う必要性について、論理的で説得力のある根拠を述べることができるでしょう。

相手の意見を理解しようとする柔軟性がなければ、私たちはストレス行動に走り、相手を説得して、自分の正しい見方に従わせようとするでしょう。その結果、言い争いが起きます。ふたりの人間が同時に、自分が正しいと思い、必死になってそれを相手に認めさせようとするのです。けれども、そんなことは誰にもできません。そんなことを続けているうちに、違いはますます大きくなっていきます。自分の見方が正しいという前提のもと、他者の見方には反射的に反対するようになるのです。

会議はあっという間に、両陣営が争点について敵対する場と化してしまいます。投票によってどちらかの陣営が勝利をおさめたとしても、それはもう一方の陣営の犠牲のうえに成り立つものです。おそらく私には、迅速な動きをとるよう、理事会を説き伏せることができたでしょう。しかし、ベッツィが関心を寄せている重要な点のいくつかは失われてしまいます。もちろん、理事会に対する私の態度に、ベッツィは思うところがあるでしょうし、それがお互いの今後の関係に影響をおよぼすことでしょう。

そのほかにも問題はあります。会議で消極的な態度をとる人は、自己主張の強い人の見方を押しつけられたように感じ、不快に思うことがありますが、自分の信念のために戦うつもりはありません。今回は「勝者」が意見を通すかもしれませんが、のちに「敗者」側が怒らずとも借りを返すことで、ツケを払うことになるでしょう。
理事会の例では、異なる見方を統合し、「終わらせる」と「きちんとやる」の間のバランスをとることで、調査の立体像が見えてきました。ありがたいことに、私たちはふたりとも柔軟な対応ができたのです。ベッツィは「あなたの言うとおりですね。その情報のために何カ月も待つわけにはいきません」と言いました。私はこう言いました。「あなたの言葉ももっともです。時間と資金をかけるのなら、正しくやったほうがいいですよね」

ひとつの問題に違う見方をするふたりですが、敵対者ではなく、味方同士なのです。ベッツィは、６週間後の理事会までにやらなければいけないことに同意しました。私は、きちんとした調査を行うことに同意しました。対極化して時間をむだにすることなく、お互いの目的を分かち合いました。そのおかげで、必要なときまでに正しい調査を行う方法を考えることに集中し、労力をさくことができたのです。私が作業を前に進め、ベッツィが細部に漏れがないよう気を配りました。チームとして取り組んだおかげで、きちんとやりとげることができ、その調査は成功に終わりました。

たとえばチーム競技の場合なら、自分がどのポジションについているかによって、何に責任をもつかは変わってくるでしょう。ある選手が責任をもつのはゴールキーパーとしての防御でしょうし、別の選手が責任をもつのはフォワードとしての攻撃です。いずれにせよ、ふたりとも同じチームに所属し、協力するのです。それぞれが力を尽くして自分の役割を果たします。

チームメンバー全員が同じようにふるまえば、勝利が導かれるでしょう。

会議の場合でも同じです。理事会の席で、私はたいてい「終わらせる」ポジションをとりました。ベッツィは「きちんとやる」ポジションをとって、重要な細部に漏れのないよう念を入れました。しかしときどき、議題によっては、まったく反対の役目を果たすこともありました。私が細部に気を配り、ベッツィが前に進ませるのです。それによって効果的なチームとなり、成功を導くことができました！

お互いに敵対する立場をとって対極化すると、次のような結果がもたらされます。

①会議で対立する
②解決策を探すのではなく、お互いに張り合おうとする議論で、会議の時間が無駄になる
③「負けた」側が恨みを抱くことで、今後の会議にも対立が予想される
④引きこもってしまい、会議に貢献しようとしなくなる人が出てくる
⑤良いアイデアや成果が生まれなくなる

まったく、膠着状態とはこのことです。

いっぽう、皆がそれぞれの見方に一理あると仮定し、それぞれの見方を理解して統合すれば、次のような結果がもたらされます。

①対立を避ける
②時間を節約する
③より良いチームワークと協調を味わえる
④チームのメンバーからの貢献を促進できる
⑤より良いアイデアや成果が生み出される

立体化する

立体化するには、次の条件が必要です。

①全員が発言できるよう、発言の競い合いをやめさせる
②全員が同時に、同じプロセス（ブレインストーミング、議論、そして賛否双方の検討）を踏んで同じテーマに集中するようにする
③発言に割り当てられた時間を含め、各議題にあてる時間に関心を払う
④全体像を把握して立体的思考を容易にするため、各自の貢献を視覚的に記録する

2
立体的思考

最初にしなければならないのは、出席者が自分の意見を言いやすくすることです。発言の機会を競い合う必要がないようにし、ストレス行動が起きる可能性をできるだけ小さくしましょう。

出席者をふたつのカテゴリーに分類します。自分の意見を表明するためになんでもする人と、そうしない人です。「理解のレンズ」を通して見ると、前者は最悪の場合、騒々しく感情的で邪魔ばかりし、支配的になることがあります。自分の意見ばかり長々と言い続けることもあるでしょう。反対に後者は、まったく何も発言しないか、「はい」とだけ言うか、他人の意向に従うかです。どちらの場合も、立体化はできません。人々が競い合うように発言しても、引きこもってしまっても、立体的思考は得られないのです。

次に、全員が同じプロセスを踏んで同じテーマに集中するようにしなければなりません。また、発言にあてられた時間に注意を払い、各議題とそのプロセスに時間が均等に割り振られるようにしましょう。時間に気を配ることで、会議がコースをはずれたり終了が遅れたりするのを防げます。

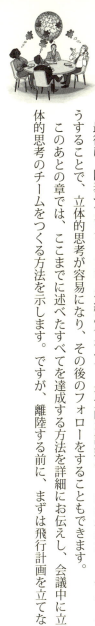

最後に、図表やプロジェクターを組み合わせて、視覚的な記録をとらなければなりません。そうすることで、立体的思考が容易になり、その後のフォローをすることもできます。

このあとの章では、ここまでに述べたすべてを達成する方法を詳細にお伝えし、会議中に立体的思考のチームをつくる方法を示します。ですが、離陸する前に、まずは飛行計画を立てなけれぱなりません。

会議が変わるとき

もっと優秀なリック

私の共著者であり友人であるリック・カーシュナーとは、見解の相違のせいでしょっちゅう言い争っていました。お互いに相手の見方を変えようと説得することもあり、見方を変えては、またそれについて議論することもありました。最終的には、お互いの見方を統合して、ひとりではとうてい無理だったような、より優れたものを生み出したものです。立体的思考という考えに至るまでには、たいへんな時間と労苦が必要でした。

最初は、ふたりとも自分の見方においては自分が正しく、それぞれがパズルのピースの一部を持っているという仮定から始めました。そして、それぞれの持っているピースを合わせれば、より優れたものが生み出せると考えたのです。

実際にそれをやってみて、統合された私たちのことを「もっと優秀なリック」と呼ぶことにしました。「もっと優秀なリック、部屋に入ってくれますか?」と声をかけて、会議を始めるようになりました。すると、ふたりとも熱心に相手の見解に耳を傾け、統合して立体的思考をつくりあげるようになりました。その成果が、著書『「困った人」との接し方・付き合い

方』として実を結んだのです。

E・Tというイニシャルの会社でこの話をすると、その会社ではいつも「もっと優秀なE・T、部屋にお入りいただけますか？」と言って会議を始めるようになりました。

誰もが笑い、自分たちが優秀なチームの一員であることを意識しました。そしてお互いのものの見方に関心を抱くようになり、自分がしっかりと理解しているかどうか確かめるため、反応する前に質問をするようになりました。そして、まだ議題について意見を述べていない人に、見解を尋ねるようになったのです。（リック・ブリンクマン）

まとめ

◆誰もが自分の見方においては「正しい」。だがその見方には限界がある
◆それぞれのものの見方が異なっているのは、個人的な経験や職業的な志向、「理解のレンズ」における位置の違いによる
◆立体的思考は、全員がお互いの見方に貢献し、理解することから始まる
◆対極化はその正反対である。それは、自分だけが正しいと考え、ほかの皆の見方を排除することだ
◆立体的志向をするためには次のようにしなければならない

- 全員が発言できるよう、発言の競い合いをやめさせる
- 全員が同時に、同じプロセス（ブレインストーミング、議論、そして賛否双方の検討）を踏んで同じテーマに集中するようにする
- 発言に割り当てられた時間を含め、各議題にあてる時間に関心を払う
- 全体像を把握して立体的思考を容易にするため、各自の貢献を視覚的に記録する

◆立体的思考をすることで、次の効果が得られる

- 対立を避ける
- 時間を節約する
- より良いチームワークと協調を味わえる
- チームのメンバーからの貢献を促進できる
- より良いアイデアや成果が生み出される

パート 2

会議の前に

3 会議の準備

会議とは、議事録が残り、時間が失われる場所である。
——発言者不明

立体的思考をともなう有用な会議の前には、準備をしましょう。まずは、事前チェックリストからです。

事前チェックリスト

①会議の存在意義を問う
②コスト計算
③適切な形式の決定
④出席者の選定
⑤議事計画の作成

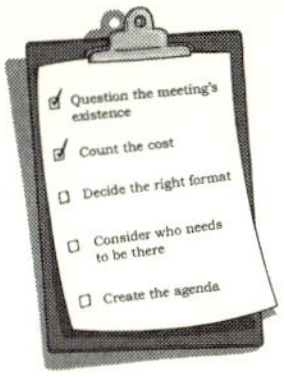

3
会議の準備

①会議の存在意義を問う

その会議の実際の目的はなんでしょう？　また、会議によってその目的をうまく達成できますか？　最初から会議を開くものと予定してはいけません。会議を開く前には、常にその必要性を問いましょう。次の質問を問うことで、その会議の存在意義を判断しましょう。

◆この会議の目的は何か？
◆会議は、その目的を達成するための適切な方法か？
◆もっと良い方法でその目的を達成できないか？

会議には、いつも開催されているから、というだけの理由で開かれるものもあります。ある会社の会議を視察したとき、長年続いている週例の会議でありながら、重要なことは何ひとつ達成されていない会議であることに気づきました。お互いに情報を報告しあっていますが、書面による報告のほうが有用なことは明らかです。その会議をやめるよう助言すると、こんな反応が返ってきました。「ああ、だけど、私たち全員が集まるのは、そのときだけなんですよ」。その人たちが本当に必要としていたのは、チームとしてのまとまりを感じ、絆を育てる機会だっ

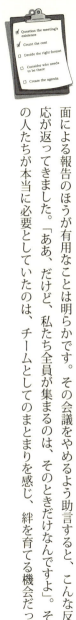

たのです。

かつては、会議で情報を分かち合うのが有用だった時代もあったでしょう。テクノロジーが発達した今、その目的は失われました。それでも、忙しさが増して交流する時間が少なくなったため、チームの一体感を味わうという二次的な目的は増したのです。この会議の真の目的が、全員が集まることだということで意見の一致をみたのなら、情報交換という偽の目的を排除し、真の目的を達成するような形式の会議にすべきです。

その会議は、飲み物を手におしゃべりする、くだけた形式で始まります。席につくと、全員が順番に近況を2分間ずつ話します。自分の手がけている仕事の内容はこんな感じですとか、手伝ってもらえませんかとか、キッチンのリフォームが大変だとか、そういう話です。チームとしての一体感を持つという目的は、以前よりもよく達成されました。

会議を開く唯一の正当な理由

会議の動機はたくさんありますが、正当な理由はひとつしかありません。交流です。成功した会議では、情報が伝えられています。しかし、それは議論やブレインストーミング、質問などによる交流です。何らかの交流は、良い会議にはかかせないものです。ある特定の問題について交流するのが、会議なのです。

会議を開いてはいけない理由

会議は、単に情報を伝えるだけの場としてはあまり適していません。情報を理解し、消化し、吸収するには時間がかかるからです。

ケンブリッジ心理学協会によれば、平均的な人は、ビジネス会議の24時間後には、発言の９パーセントしか覚えていないそうです。また、その９パーセントの半分は不正確な記憶なのです。記憶が不確かな理由のひとつは、集中力に限界があるからです。人間は、一度に７つしか（１つ２つの増減あり）意識できないことが知られています。ここでチェックしてみましょう。あなたは今、何に注意を払っていますか？　この本に関心を向け、体の感覚、自分の思い、部屋の気温、周囲の音を意識していることでしょう。けれども、もし大きな音が聞こえたら、その音に注意を向け、さっきまで意識していたことを忘れてしまうでしょう。

会議の出席者は、そこで発表される情報にいつも１００パーセントの意識を集中させているわけではありません。ある情報を聞いて、考えこむこともあるでしょう。その考えは、必ずしもその情報と関連があるわけではありません。議論にはあまり重要ではないような、発言の言外の意味を考えている出席者もいるかもしれません。同時に、その発言から連想して、帰宅時に取りに行かなければならないものを思い出している人もいるかもしれないのです。いずれにせよ、意識の集中が弱まると、その後の情報を受け取りそこねてしまいます。

集中力は、たとえば、出席者の個人的なおしゃべりに気づいたときなどの、外部の刺激によっても乱されてしまいます。スマートフォンが振動したり、椅子の座り心地が悪かったりといった、身体的な感覚にも左右されます。あるいは、時刻を見て、議事の進行具合と照らしあわせ、スケジュールが押していることに気づくこともあります。そうなれば、連鎖的にさまざまな思いがわき上がり、集中力が乱れるでしょう。

しかし、会議で情報を伝える際の問題点は、人の集中力に限界があるせいだけではありません。もうひとつ、考慮しなければならないのは、情報を受け取る際には、それぞれ個人的なフィルターがかかっているということです。そのため、発言者の意図とは違った情報に変わっている可能性があります。言葉の解釈も、人によって違うでしょう。ある言葉の意味が、人によっては違うものを指していると気づいたことはありませんか？ それもまた、情報の解釈に影響を与えます。

人はさまざまな見方で情報を受け取ります。そのアイデアの問題点を考える人もいれば、出席者への影響力、予算への影響などを考える人もいるでしょう。集中力が乱れ、伝えられた情報のすべてを受け取れない人もいます。部分的にしか理解できないことで、情報の意味はさらに変わってしまいます。

情報を正確に受け取り、記憶することの妨げになる要素は、ほかにもあります。加齢によって、短期記憶の容量が減ってしまうことです。どんなに集中しようとしても、24時間後の記憶力はその影響を受けてしまいます。

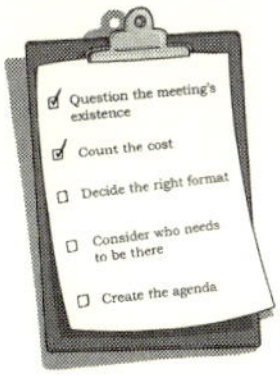

つまり、会議で情報を伝える際の問題点は、次のとおりです。

◆人の集中力には限界がある
◆内面的、あるいは外面的な妨害を受ける
◆個人的なフィルターがかかる
◆人の記憶力には限界がある

ここではっきりさせておきましょう。ただ情報を伝えるためだけに会議を開くのは、会議の活用法としては有効ではありません。情報は、文書や電子的な伝達手法で伝えるべきです。文書化すれば、全員が同じ情報を正確に得られます。明日になっても、1週間後でも、情報は変化することはありません。最初にどこかを読み飛ばしたとしても、再読することができます。

あなたの出席した会議が、情報を与えるだけで、交流がないことに気づいたら、出席者全員のためにも、その会議の存在意義を問うべきです。

情報について交流することの重要性

会議とは、交流のためにあることを忘れないでください。情報について意見交換することが、会議の時間の有効な使い方です。理解を深めるために質問をする必要もあるでしょう。情報に関する議論も重要です。その情報によって示される選択肢の検討も必要になるでしょう。

それらはすべて、会議の時間を有効に利用することになります。しかしその際は、全員がその情報を事前に受け取っていることが望ましいでしょう。出席者が適切な時間をかけてその情報を読み、解釈して、質問や意見交換の準備を整えてから会議に出席できるようにしましょう。そうすることで、会議での交流の質が高まります。出席者が時間をかけて考え、意見や質問をまとめているからです。

規則の例外

全員に対して同時に同じやり方で情報を伝えたいと思い、情報を文書化しないと決める場合もあるでしょう。たとえば、ある会社では、良くない知らせを従業員に伝える必要が生じました。上級管理職たちは、従業員たちが噂を通して知り、誇張して広めるようなことにはなってほしくないと考えました。この場合は、会議を有効に使えます。情報の伝え方やタイミングをコントロールできるからです。

一般的には、組織全体にかかわる大きな知らせは、「全員参加会議」とも呼ばれる形で伝えるほうがいいでしょう。通常は、その組織の最高責任者がその報告を発表することになります。その場での質疑応答も可能ですが、発表後に出席者が小さなグループに分かれて、その情報について直属の上司と話し合うほうが一般的です。

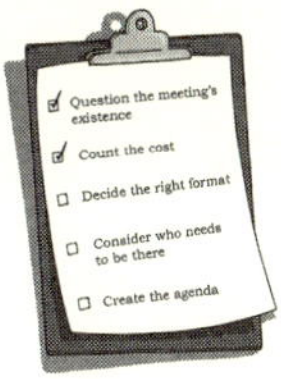

私がかかわっていたある組織では、通常、悪い知らせは直属の上司が部下に伝えるという形をとっていました。そのシステムの問題点は、上級管理職から伝えられた情報を60人の管理職が再解釈し、伝えなければならないということです。60人が同じ方法で同じことを正確に伝えるというのは不可能に近いでしょう。上級管理職が伝えてほしい内容を十分に理解していないのに、質問してはっきりさせようとはしない者もいるかもしれません。理解していると思っても、本当は理解できていない者もいるでしょう。そういった伝達手段の影響は、思ったよりも大きいのです。

発言の言葉そのものよりも、口調や話し方のほうがはるかに重要です。発言者の声のトーンや話し方が事務的か、共感を呼ぶものか、あるいは冷淡かなどによって、コミュニケーションが成立することもあれば、崩壊することもあるのです。一般的には、悪い知らせは最高責任者から管理職に伝えられ、その部下に伝わります。その形では、部下は上司との一体感をおぼえます。その知らせが自分たちに意味するものや、対処法について話し合いやすくなるでしょう。

例外的に、情報を発表する場として会議を使うケースはもうひとつあります。その情報に対する最初の反応を見る必要があるときです。じっくりと考える時間を与えたときのようなレベルの質問を得ることはできないでしょうが、最初の反応を知ることも交流としての価値がありますから、会議の時間を有効に使うことができるでしょう。しかしこの場合は、あとでその情報を参照できるよう、文書化した情報も会議の場で配布したほうが賢明です。

②コスト計算

どんな会議にもコストがかかります。あるイギリス企業では、各会議室にコンピュータが設置されていました。出席者が自分のコードを入力すると、コンピュータはその人の１分あたりの給与を判別し、会議の進行に応じて、トータルのコストを画面に表示します。コストを意識することで、会議の時間は半分に削減されました。

しかし、考慮しなければならないのは、直接的な人的コストだけではありません。時間というコストもかかります。会議中は、出席者全員の仕事がストップしてしまうことを考えましょう。この計算法は、「時間便益効率」と呼ばれます。その会議で使われる時間は、会議で得られる便益に見合うものでしょうか？　これは、会議を開くかどうかの決断、会議に必要な出席者の選定、そして議事計画の選定という３つの問題にかかわる、重要な計算です。

③適切な形式の決定

まず、顔を合わせた会議が最上の方法かどうかを考えましょう。その会議の目的は、実際の会議によって達成されるものでしょうか？　ときには、地理的な距離が離れている人々が、コ

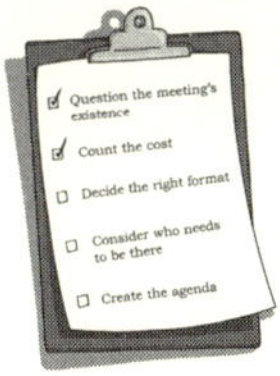

ストをかけてでも顔を合わせる価値がある場合もあります。また、その議題が複雑かつ煩雑なため、顔を合わせた会議が適していることもあります。チームとしての一体感を得るという二次的な目的をもつケースもあるでしょう。その場合は、実際に会議を開きましょう。

バーチャル会議については12章で詳細に説明しますので、本章では次の注意点をあげるだけにとどめておきます。バーチャル会議では常に、参加者が同じスクリーンを見られるようにしなければなりません。基本的には、参加者がそれぞれのコンピュータで同じ画面を見ることのない、音声だけを使ったバーチャル会議は避けましょう。

ウェブカメラを用いた会議も考慮に入れたほうがいいでしょう。そうすれば、次の2点が達成できます。

◆参加者に連帯感が生まれる
◆参加者の集中を持続させ、ほかの作業にかかることを防止する

顔を合わせた会議とバーチャル会議を混合した形式をとることもあります。たとえば、香港、ロンドン、ニューヨークなど、地理的に離れた場所の会議室にそれぞれ集まって行うような場合です。

④出席者の選定

出席者の選定は非常に重要です。各議題は、出席者全員にかかわるものでなければいけません。ある会議の出席者が10名いたとき、議題のひとつにかかわる人数が6名しかいなかったら、どうなるでしょう？　残りの4名は退屈し、雑談をしたり、携帯電話をチェックしたりして、集中を乱すような気晴らしを求めます。議題に関係のない出席者がいることで、会議の勢いは損なわれます。各議題に本当にかかわっている人だけが出席するほうが望ましいでしょう。

適切な出席者が全員揃うようにも気を配りましょう。必要な人材がどうしても出席できないのであれば、全員が出席できる日に会議を設定しなおしましょう。

最少の人数で最大の効果を

会議の目的を完全に達成するための最少の人数を集めましょう。会議の出席者が多すぎると、全員の発言が難しくなるとともに、議論を自由に進めることが困難になります。混乱や誤解の可能性も高まるでしょう。この状態は「コミュニケーション経路の公式」と表現されます。1本のコミュニケーション経路は、ひとりの人からもうひとりへの一方通行です。ですから、ふたりの人間の間には、方向の違う2本のコミュニケーション経路が存在することになります。す

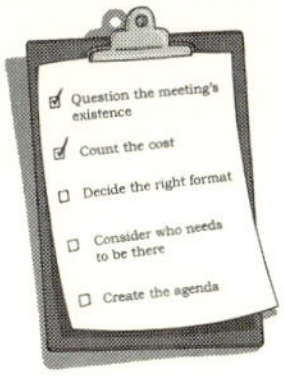

べてのコミュニケーション経路は、会議の混乱や誤解を招く原因になります。

コミュニケーション経路の公式は、x×（x－1）＝会議のコミュニケーション経路数となります。このxは、会議の出席者数を指します。

会議の出席者が5人であれば、コミュニケーション経路は5×（5－1）＝20、つまり20本となります。人数がひとり増えると6×（6－1）＝30で30本になり、コミュニケーション経路は10本増えることになります。つまり、5人出席の場合に比べて、5割増しとなるのです。したがって、会議の出席者がひとり増えれば、混乱や誤解の可能性も5割増しとなるのです。

迷うときには、選定からはずしましょう。相手を怒らせるのが心配なら、欠席してあとで報告を受け取るという選択肢を与えましょう。たいていの人は、喜んで欠席するはずです。

実行する人、決定する人、役に立つ人、そして、知らせる必要がある人

会議の出席者があまりにも多くなりがちな原因の多くは、人には次の3タイプがあることを意識していないからです。

◆実行する人、決定する人

そのプロジェクトを実行し、積極的に決断を下す立場にある人たちです。実行する人と決定する人が異なることもあります。実行する人が上司に報告し、その上司が最終的な決定を

するような場合です。あるいは、実行する人にある程度の決定権が与えられていても、その範囲を超えるものについては上司の決断を仰ぐ場合もあります。また、ひとりの人が実行と決定の両方を担当する場合もあります。

◆役に立つ人

そのプロジェクトを支えるだけのスキルと経験と視点をもつ人たちです。しかし、それを実行したり決定したりするわけではありません。

◆知らせる必要がある人

実行や決定はしませんし、役に立つわけでもないですが、事態の進行を把握する必要がある人たちです。

私は、あるプロジェクトの重役会議の進行を依頼されたことがあります。その仕事は、決議進行を調べて、各委員会を機能的に進める手助けをすることでした。私の目標は、理想的な委員会を形づくり、生産的な機能レベルに到達するために必要なものを学ぶことでした。重役会議で、必要なものを訊ねられました。私は、核となる５人が必要だと答え、そのひとりの名をあげました。すると、続きを話す前に、重役のひとりにさえぎられたのです（彼らは、私の手

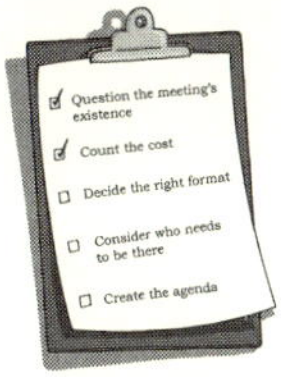

法を使っていませんでした。私の手法では、発言者が割り当てられた時間を超過するまで、発言をさえぎられることはありません。8章「参加者をまとめる秘訣」参照)。

その重役は、会議の議長でした。彼はすぐに自分の名前と、社長と次期社長、専務取締役の名前をあげました。さらに、追加の5名を個人的に選定する時間をくれと言いました。そのすべてを終えたとき、5名だったはずのチームは11名になっていました。悪いことに、彼があげた人物は全員、この件に時間をさく余裕がありませんでした。さらに悪いことに、追加の5名を選定するのに2カ月以上もかかったのです。つまり、2カ月以上も活動が停止していたということです。やっと全員が揃ったとき、委員会は完全に機能を失ってしまいました。なぜなら、オンラインのスケジュール管理ソフトを使い、3カ月にわたって調べても、全員が集まれる機会は一度も見つけられなかったからです。

この話の教訓はふたつあります。

◆コンサルタントを雇うなら、その話に耳を傾けるべき

◆人数が多すぎるのは、少なすぎるよりも悪い結果をもたらすことが多い

その委員会が11名にふくれあがった原因は、実行する人、決定する人、役に立つ人、知らせる必要がある人の明確な区別ができていなかったからです。

名前のあがった人たちのほとんど（社長、次期社長、発言した重役、専務取締役）は、役に立つ人、知らせる必要がある人でした。実際には、その11名のうちで実行する人は、私と私が選んだひとりだけでした。私がその人を選んだのは、彼にはその仕事をやるスキルと時間があったからです。

どんなプロジェクトにおいても、実行する人、決定する人、役に立つ人、知らせる必要がある人を明確にすることをお勧めします。役に立つ人と知らせる必要がある人とはメールで情報を共有しておくべきですし、会議の報告書も送らなければなりません。そうしておけば、役に立つ人が何か付け加えようとするときに、最新の情報に基づいて貢献することができます。

たとえば実行する人が、ソーシャル・メディアを用いたマーケティングについての会議を開こうとしたとします。役に立つ人との連絡を絶やさずにいれば、その方面の専門知識をもつ人がそのマーケティング会議に確実に参加できるようになりますし、メールで重要な情報を提供してもらうこともできます。実行する人は、役に立つ人の専門知識を把握しておき、必要があれば出席を提案するべきでしょう。

⑤議事計画の作成

どんな会議にも議事計画は必要です。飛行機の旅で言えば、フライトプランです。議事計画

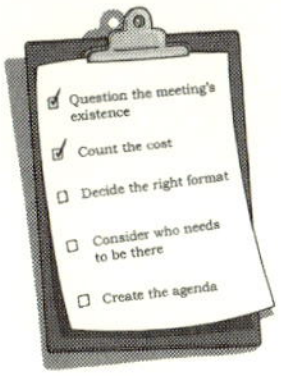

のない会議は、風船をふくらませて、口を結ばないまま放つようなものです。勝手に飛び回り、どこに落ち着くかわかりません。議事計画は前もって作成し、配布しておくのが理想です。

自然発生的な会議（廊下で出会って15分ほど話し合おうと決めるようなもの）では、議事の最初に、議事計画を定めなければなりません。その15分間の会議で、何を達成したいのでしょうか？　議事計画の責任者を決め、全員が確実にその基準にのっとって議事計画を進めるようにします。議事計画に加える項目を提出する締め切り時間を設けて、会議前の理想的なタイミングで、議事計画と各自の準備に必要な補助情報を配布します。この件については次章で詳しく扱います。

会議の成功は、会議に先立って行われる入念な準備に始まります。その会議によって達成されるべき明確な目的を定めておかなければなりません。会議そのものと出席者のコストについて、「時間便益効率」の分析も済ませておくべきです。会議では出席者の時間が費やされるだけでなく、その間、彼らを必要とするほかの仕事が進まないということを常に意識しましょう。

会議が変わるとき

メアリーの方法

私たちが出席しなければならないのは、自分が担当するプロジェクトや書籍にかかわる会議だけでした。議事計画は事前に配布されたので、議論の筋道や経緯を全員が把握しておくことができました。共同経営者のメアリーは、私たちが参加するときがくると、メールで知らせてくれました。そのおかげで、自分とは関係のない会議の間もじっと座っている必要はなかったのです。それは、チームの時間を管理するうえで、とても効率的な方法でした。

（出版社編集主任）

まとめ

①会議の存在意義を問う

- この会議の真の目的は何か？
- 出席者がお互いに交流できるか？

②コスト計算

- 会議の目的は、出席者の給与や時間などの優先事項を配慮したコストに見合うものか？

③適切な形式の決定

- 実際に顔を合わせた会議
- ビデオ会議
- 電話会議

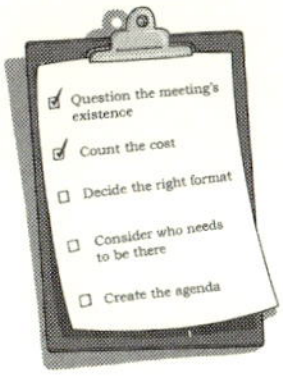

- 顔を合わせた会議と遠隔会議の混合

④出席者の選定

- 各出席者の時間便益効率はどうなっているか？
- 各議題は出席者全員にとって重要か？
- 出席者（およびコミュニケーション経路）を最小にできるか？
- 実行する人、決定する人、役に立つ人、そして知らせる必要がある人は誰か？

⑤議事計画の作成

- 誰が議事計画を作成するか？
- 議事計画の項目をどうやって集めるか？
- 議事計画はいつ完成し、配布されるか？

4

議事計画の極意

自分の行き先を知らなければ、
別の場所にたどりついてしまうだろう。
――ヨギ・ベラ（元メジャーリーガー）

良い会議には明確な目的と、それを達成するための議事計画があります。自然発生的な会議の場合は、最初の議題は議事計画を作成することです。同僚どうしの3人が廊下で立ち話をするのなら、その非公式な会議の目的と、何を達成したいかを述べるだけでいいでしょう。理想を言えば、もし状況が許すなら、その非公式な議事計画を紙やホワイトボードに書いて、全員に見えるようにするべきです。そして必ずメモをとりましょう。

フライトプランのチェックリスト

会議前には準備が必要であることを忘れてはいけません。議事計画は、自分の目的地と到着時間を定めたフライトプランのようなものです。それは会議を成功に導くためにも欠かせません。

誰が議事計画を作成するか？

議事計画の作成はひとり、あるいは数人で行います。ひとりで作成するのがシンプルで確実ですが、複数の人間にかかわらせる必要が生じることもあります。議事計画の管理者は、強い権限をもちます。何に関心を集めるかを決定できるのです。

ひとりだけに管理させるのは、権限を与えすぎてしまう場合もあります。しかし、議事計画を作成する人間が多すぎる場合の欠点は、メンバーを揃えるのが難しいことと、コミュニケーションをとってまとめるのに時間がかかることです。たとえ数名で議事計画を作成する場合であっても、議事の項目や情報を他の参加者から収集して文書にまとめる責任者をひとり指定するべきです。

議事計画の項目をどうやって集めるか？

議事計画の作成者に項目を送付する方法を決めましょう。メールか紙の文書、あるいはその両方を使います。送付される項目には次の要素を含んでいなければなりません。

①議題
②明快な目的（1、2文にまとめる。つまり、この議題にグループの関心を集めるべき理由）
③この議題を主導する人物（もしいるなら）
④使うべきプロセス（ブレインストーミング、プレゼンテーション、議論など）
⑤その議題に割り当てる現実的な予想時間枠（プレゼンテーションに5分、議論に10分で合計15分など）
⑥出席者が事前に読んでおくべき予備知識
⑦グループに期待すること（評価、意見、質問など）
⑧時間と内容を管理する者

議事計画に加える価値のある議題の基準は何か？

会議の種類によって変わる基準もなかにはありますが、共通するものもあります。共通する基準は、そもそも会議を開くかどうかの基準と似ています。

①その議題はグループ内の交流を必要とする
②その議題は会議出席者全員にかかわっている

③その議題の時間便益効率は、議事計画に含めるのに好ましい。基本的にグループの時間をさくだけの価値があり、その会議で扱わねばならないほかの項目を考慮しても、時間を割り当てる値打ちがある

会議の時間には限りがありますし、各議題にはある程度の時間が必要です。議事計画を作成する人は、優先順位をつけなくてはなりません。つまり、それぞれの項目の価値をほかと比較して、「この議題にはグループの時間をさくだけの価値があるだろうか、もしそうなら、グループの時間はどれくらいあるだろうか」と問わなければならないのです。

最も重要な議題を、予定の最初に組みます。そうすれば、会議中に、重要な議題にもっと時間をかける必要が生じたとき、議事計画の最後のほうに置かれた重要性の低い議題をカットすることができるからです。

しかし、時間に関しては常に現実的であるべきです。最初からスケジュールを詰め込みすぎてはいけません。重要な項目が10個あるのに、現実的にはそのうちの8個しか扱う時間がない場合、どれをカットしますか？　議事計画を担当する人、あるいはチームがその判断を下し、グループの貴重な交流時間をさくにふさわしい項目を決定しなければなりません。

議事計画の作成者が、その項目が必要とする時間をとるだけの価値がない、あるいはそもそも会議で話し合う価値がないと考えたなら、その項目の提出者に電話をするか、直接会って連絡するのがいいでしょう。電子メールは誤解が生じやすいので、適切な方法ではありません。メールを読むとき、人は自分のストレスレベルや血糖値、そのときやっていることなどに応じて、いろいろな読み方をします。軽蔑や非難を受けたと相手に感じさせたくはないでしょう。相手と話して、その項目が重要である理由を明確にし、他の方法で扱えるかどうかを検討しなければなりません。明確にするためには、交流が必要です。それをメールで済ませてしまっては、結局は自分の時間とエネルギーの無駄になるでしょう。

その会話の中で、最初に受け取ったときには、その項目の重要性がはっきりしていなかったと気づくかもしれません。その項目に割り当てる時間が十分でなければ、同じ結果が得られる別の方法を提案したり、別の会議に組み入れたりすることもできるでしょう。

議題の提出期限はいつか？

出席者には準備を整えてから来てほしいものです。そのためには、各議題に関する議事計画と予備知識を、会議の前に配布する必要があります。どれくらい前に配布するかは、その情報の量と複雑さによって異なります。送るのが早すぎれば、受け取った側は読んでも忘れてしまうか、あとで読もうと思って未決箱に入れたまま埋もれさせてしまいます。会議の直前に送ると、今度は読む時間がありません。一般的には、会議の３～５日前を目指しましょう。参加者に希望を聞くのもいいアイデアです。

4
議事計画の極意

何日前に議事計画を送るか決めてしまえば、次に、議事計画の作成にどれくらいかかるか考えましょう。配布にかかる時間と作成時間を会議の日から逆算すれば、議題の提出期限が算出されます。たとえば、5月10日の金曜日に会議があるとして、議事計画を3日かけて読んでもらうなら、配布日は5月7日の火曜日です。計画作成に1日かかるなら、5月6日の月曜日にやりましょう。この場合、週末を勘定に入れないなら、議題の提出期限は5月3日の金曜日となります。

提出期限には厳格に対処し、期限を過ぎたものは受け取らないようにしましょう。先延ばしを奨励してはいけません。最後の1分まで惜しんで使いたがるようなら、5月3日金曜日の午後5時と明確に定めましょう。そうすれば、その刻限までは、心ゆくまで先延ばしすることができます。

もちろん、期限を過ぎてから、それまでわかっていなかったけれども、会議で取り扱うべき重要な項目が生じることがあります。その場合は例外を設けてもかまいません。ただし、気をつけてください。その時期になって現れた項目の大半は、時間に迫られたときの拙い作業習慣のせいであり、期限と会議の間に初めて気づいたときに感じたほどの優先順位をつけるべきものでないことが多いのです。

重役会議の間、参加者の中には、背景知識の紙を渡す人もいました。受け取ったばかりの情報を読もうとする人と、話を続ける人で、会議室は混乱状態になりました。私が議長を務めるようになってからは、例外を設けずに厳しく取り締まりました。期限までに提出されなかった議題は、その問題が期限後に生じたものでない限り、議事計画に含めることはありません。会議中に情報を配布することは完全に禁止です。すべての情報は、議題の期限までに提出されなければなりません。

会議を一度開いただけで、全員が期限までに提出するようになりました。そして、どうなったと思いますか？　この件では、皆が私に感謝してくれたのです。

誰が担当者になるか？

会議の参加者の中には、進行役を務める者もいます。この役目についてはこの後の章で詳しく見ていきますが、ここでは、彼らがパイロットであり、航空管制官であり、フライトレコーダーであると言うにとどめておきましょう。

パイロットは、何よりも時間を守らなければなりません。コースを維持し、時間を守ります。航空管制官にはふたつの責任があります。ひとつはグループの関心を現在の議題に集中させ、現在の進行を利用して会議の方向を保つことです。もうひとつは、発言者を制御し、参加者のバランスをとることです。自己主張の強い人たちが場を支配することのないようにし、消極的な人たちにも貢献できるようにします。フライトレコーダーは、全員の見方を目に見える形に集約します。それによって立体的思考を助け、効果的な追求を可能とするのです。

フライトプランの形式

有用な形式の議事計画を作成することは、議事計画そのものと同じくらい重要です。シンプルでわかりやすく、なおかつ必要なすべての情報を含み、会議を成功に導くものでなければいけません。

参加していたボランティアの会議で、私はいつも、自分たちのビジョンや使命や価値を議事計画の最初に組み入れて、参加者により大きな目的を思い出してもらいました。先に述べたとおり、人は一度に７つ（１つ２つの増減あり）のことにしか注意を払えません。より大きなビジョンを相手の意識に与える手法は、いつも効果的なのです。

会議が終了したときに何を達成したいか、何を終わらせたいかについて概観を与えることも有効です。すでにビジョンを先頭に置いていれば、これはその次の項目となります。そうでなければ、これがトップの項目に置かれます。たとえば、次のようなものになります。

この会議で達成できること

- われわれのビジョンと使命を再確認する
- われわれの目標を見直す

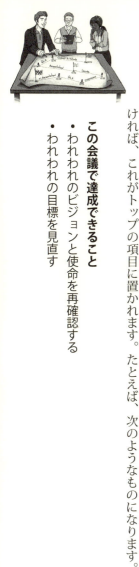

立法計画は?
会員数をどうやって増やすか?

- 手順書のために、役員の役割を見直し、承認する
- 選任手続きと快速の変更を見直す。委員会を正式に発動する
- 新しい役員を選出する

それぞれの議題は、次のものを含んでいなければなりません。

議題の名称と番号

誰でも意味がわかるような特徴のあるものでなければなりませんが、数行にもわたる冗長なものであってはいけません。たとえば、「予算削減の影響について」「プロジェクト管理の問題」「XYZの状況報告」などは、シンプルで核心を突いた名称でしょう。

それぞれの項目の頭には、議事計画における順番を示す番号を振ります。文書のフォントサイズは通常10~12ポイントですが、この議題の番号は大きめの16~18ポイントにして、目立たせましょう。その項目を補う情報の題名には通常のフォントサイズを用います。そうすれば、その情報が項目に付随するものであることがすぐにわかります。

◆3番目の議題：「新しい移転の良い点、悪い点について」

時間枠

何時にその項目を扱い、どれくらいの時間をかけますか？　できるだけ正確に記しましょう。時刻を丸めてしまってはいけません。むしろ、議事計画では、通常の5という数字を使わないことを強くお勧めします。たとえば次のようになります。

◆3番目の議題：「新しい移転の良い点、悪い点について」
◆時間：8時36分から9時38分

こうすれば、時間が実際に重要であり（それは事実です）、スケジュールに厳格であるという印象を与えます。乱雑にする必要はありません。正確であるよう努めてください。

その項目にどれくらいの時間をかけるのかも明確にしましょう。

◆3番目の議題：「新しい移転の良い点、悪い点について」
◆時間：8時36分から9時38分（62分間）

各議題の時間枠は現実的なものでなければいけません。時間枠の設定には、次の要素を考慮しましょう。

- どれくらいの出席者がこれについて発言したがるか
- 出席者の発言にはどれくらいかかるか
- この問題には活発な議論が必要か
- 過去の記録では、この問題、あるいは似た問題について、どれくらいの時間が必要だったか

各議題の時間枠が現実的なものでなければ、会議は失敗に終わるでしょう。それぞれの項目のタイプに応じた適切な時間枠を心得る段階は、まだ到達点ではありません。目標は、時間が超過したときの対処が上達することです。どの会議でも、ひとつの議題に実際にどれくらいの時間がかかるかメモをとり、学びましょう。

まずは、必要な時間よりも少しだけ長い時間を認めることから始めましょう（過剰にならないように）。そして、予定よりも早く終わらせれば、人々に感銘を与えることができます。その問題に割り当てられた時間に応じて、それに関する発言は長くなったり、短くなったりするでしょう。

議題の責任者

その議題の責任者の名前も一緒に挙げておかなくてはなりません。

◆3番目の議題：「新しい移転の良い点、悪い点について」
◆時間：8時36分から9時38分（62分間）
◆担当：ジャックとメアリー

この項目を議題とする目的

これは重要です！　1、2文で、貴重な会議の時間をこの項目にさく理由と、全出席者にとってそれが重要な理由を全員に説明します。そのおかげで、出席者はリラックスしてこの項目に集中し、達成感を味わうことができます。

◆3番目の議題：「新しい移転の良い点、悪い点について」
◆時間：8時36分から9時38分（62分間）
◆担当：ジャックとメアリー
◆目的：新しい移転が1週間の仕事の流れを妨げ、全部署に影響を与えることが予想されるため、その影響を調べることは重要

使用するプロセスとその主導者

議題が異なれば、必要なプロセスも異なります。ひとつのプロセスだけでいい項目もあれば、それ以上のプロセスを必要とする項目もあるでしょう（会議のプロセスについては、11章で詳しく述べます）。

たとえば、ある項目では、まずプレゼンテーションが必要であり、次に質疑応答の時間をとり、その後議論をしてから、投票となります。別の項目では、ただプレゼンテーションだけを行い、その間に生じた質問に答えるだけです。それぞれのプロセスにおいて、主導する人物が変わる場合は、プロセスごとにその名を記しておかなければなりません。それぞれのプロセスの詳細とともに、時間枠を示しておくことも重要です。例をあげてみましょう。

◆3番目の議題：「新しい移転の良い点、悪い点について」
◆時間：8時36分から9時38分（62分間）
◆担当：ジャックとメアリー
◆目的：新しい移転が1週間の仕事の流れを妨げ、全部署に影響を与えることが予想されるため、その影響を調べることは重要
◆プロセス：

・その移転の理由のプレゼン（10分）、ジャック
・質疑応答（6分）
・影響を受けると思われる仕事の流れについてのプレゼン（10分）、メアリー
・質疑応答（6分）
・仕事の流れが受ける影響についての議論（30分）

事前に予備知識を得るために読んでおくべき情報

議事計画とともに、参加者が会議前に読んでおくべき情報を添付しましょう。その文書は、議題に従って明快に分類し、名称をつけておくべきです。予備知識の不要な議題の場合は、議事計画に「情報なし」と記しておきましょう。また、「ジェット会議法」では遅刻者に対するフォローはしないことを明確にしておき、予備情報は事前に読んでおくことが望ましいとしておきましょう。

◆3番目の議題：「新しい移転の良い点、悪い点について」
◆時間：8時36分から9時38分（62分間）
◆担当：ジャックとメアリー
◆目的：新しい移転が1週間の仕事の流れを妨げ、全部署に影響を与えることが予想される

ため、その影響を調べることは重要

◆プロセス：
・その移転の理由のプレゼン（10分）、ジャック
・質疑応答（6分）
・影響を受けると思われる仕事の流れについてのプレゼン（10分）、メアリー
・質疑応答（6分）
・仕事の流れが受ける影響についての議論（30分）

◆情報：添付した移転についてのPDF文書と、各エリアが機能を失う正確な時間を示す集計表を参照のこと

項目について参加者に求めること

これは、その項目に対して参加者に正しく集中してもらうために重要です。たとえば、参加者の意見がほしいのか、良い点や悪い点の分析をしてほしいのか、事態を理解してほしいのか、あるいは参加者の質問に答えたいのか。何を期待されているのかが明確になれば、参加者はより効果的に、効率良く集中できるでしょう。議論の脱線を防ぐ助けにもなるはずです。

◆3番目の議題：「新しい移転の良い点、悪い点について」

◆時間：8時36分から9時38分（62分間）

◆担当：ジャックとメアリー

◆目的：新しい移転が1週間の仕事の流れを妨げ、全部署に影響を与えることが予想されるため、その影響を調べることは重要

◆プロセス：

・その移転の理由のプレゼン（10分）、ジャック

・質疑応答（6分）

・影響を受けると思われる仕事の流れについてのプレゼン（10分）、メアリー

・質疑応答（6分）

・仕事の流れが受ける影響についての議論（30分）

◆情報：添付した移転についてのPDF文書と、各エリアが機能を失う正確な時間を示す集計表を参照のこと

◆参加者に求めること：この移転があなたと所属部署に直接与える影響について考えてほしい。あなた自身のプロジェクトを考慮すれば、移転の理想的な時期はいつか

いつ、誰が、何をするか

ここには、会議後の決定事項や取り決め、行動について記録しておきます。具体的に記しま

しょう。名前や日時を含めます。いつ、誰が、何をするか全員が把握してはじめて、効果的な継続活動が可能となるのです（議事計画文書のテンプレートは、以下のサイトから入手できます　→　www.DealingWithMeetings.com）。

◆3番目の議題：「新しい移転の良い点、悪い点について」
◆時間：8時36分から9時38分（62分間）
◆担当：ジャックとメアリー
◆目的：新しい移転が1週間の仕事の流れを妨げ、全部署に影響を与えることが予想されるため、その影響を調べることは重要
◆プロセス：
・その移転の理由のプレゼン（10分）、ジャック
・質疑応答（6分）
・影響を受けると思われる仕事の流れについてのプレゼン（10分）、メアリー
・質疑応答（6分）
・仕事の流れが受ける影響についての議論（30分）
◆情報：添付した移転についてのPDF文書と、各エリアが機能を失う正確な時間を示す集計表を参照のこと

◆参加者に求めること：この移転があなたと所属部署に直接与える影響について考えてほしい。あなた自身のプロジェクトを考慮すれば、移転の理想的な時期はいつか
◆いつ、誰が、何をするか：金曜までに、全員が移転希望時期の優先リストをミランダにメールする

議事計画の順番を考える

タイムマネジメントにおいては、「クラスタリング」と呼ばれる効果的な原則があります。それは、ひとつのタスクを全部まとめて一度にやってしまうことです。

たとえば、電話や書類仕事、メールをグループ化することができます。クラスタリングは非常に効率的な方法です。ひとつの方向に集中すれば加速がつき、処理速度が上がるからです。しばらくの間、非常に効率的に処理することができるでしょう。タスクをやりとげれば、速度は下がります。加速・減速効果によって、邪魔の入らない1時間で、小刻みに15分間を5回とるよりも多くのタスクをこなすことができるでしょう。実際には、後者のほうが合計時間は長いにもかかわらず、です。

クラスタリングによって、会議の効率を上げることもできます。クラスタリングの観点から、人の集中力について考えてみましょう。さまざまな方法で達成することができます。

議　題

関連する議題をひとつのグループにまとめることができます。たとえば、予算に関する質問をひとつのグループにまとめられるでしょう。参加者がこの議題について集中し、考え始めれば、より効率的に進めることができるでしょう。

プロセス

プロセスごとにまとめることもできます。たとえば、議論を要する多くの議題をひとつのグループにします。いったん参加者が議論態勢になれば、より効率的に進めることができます。ですから、議論を要するたくさんの議題をまとめても大丈夫なのです。

エネルギーと時刻

議事計画の項目順を決める際に考慮する要素に、会議のエネルギーレベルの問題があります。エネルギーに満ちた会議もあれば、エネルギーの少ない会議もあります。会議の時刻も重要な要素のひとつです。朝一番、昼食後、その日の終業前と、時刻によって、生み出されるエネルギーの種類が変わります。プロセスを潤滑に導くのに最適な時刻を考慮しましょう。

会議の時間が長い（数時間から終日）場合は、議題を時刻に応じて配慮する必要があります。

私は、四半期ごとに2日間開かれる重役会議に参加していました。予算の問題になると、その難しい議題を成功に導くタイミングは2回あることに気づきました。ひとつは、まだ参加者が元気な朝一番に話し合うことです。もうひとつは、参加者が議論に慣れ、決断モードに入った2日目に話し合うことでした。

エネルギーと議題

議題によってもエネルギーは影響を受けます。予算削減の問題については誰も議論したくありません。長い会議では、議題やプロセスに関係するエネルギーレベルを考慮することはとくに重要になります。

1日のうちで、エネルギーのレベルが高いときもあれば、低いときもあります。高エネルギーの時間を「プライムタイム」と呼びましょう。会議において、最も高エネルギーのプライムタイムがいつかを考慮し、そのときに、最も集中力と思考力を必要とする議題を扱うようにしましょう。また、低エネルギーのときでも簡単に扱える項目を考え、それに従って議事計画を立てましょう。

優先順位

議題の順番を決めるうえで考慮すべき重要な要素には、項目の優先順位もあります。最も重要な項目を最初にもってくるべきでしょう。そうすれば、ある項目に元々の計画よりも時間が必要になっても、会議の最後のほうの重要性の低い項目を次回の会議に延期することで、時間をひねりだすことができます。

会議の成功は、準備に始まります。準備が十分であればあるほど、会議中の集中力を得られる可能性が高まるのです。

会議が変わるとき

大きな削減

会議があるからといって、それを1時間続けなければいけないわけではありません。私たちは、労働基準の統計とコンプライアンスを報告する複数の定例会議を開いています。そのほとんどを35分で終わらせ、生産的な仕事をする時間を全員に与える方法を見つけました。

以前は、ひとりひとりが1枚の紙を持ってきて、それを読み上げてから、詳細を付け加えていました。報告の数は不明でしたし、何の必要もない報告にも耳を傾けざるを得ませんでした。進行がどうなるか予想もつかず、会議は不安に満ちていました。

事前にデータをアシスタントに送り、以前は口頭で付け加えていたデータを議事計画に含

めるということで、私たちは意見の一致を見ました。そうすれば、あるセクションでは報告することが何もない場合、単純に承認して次に進むことができます。そのおかげで、会議の時間は1時間15分から30分に短縮されました！（病理学・臨床検査学主任博士）

まとめ

◆誰が議事計画を作成するか？

◆議事計画の項目をどうやって集めるか？

◆議事計画をいつ完成させ、配布するか？

◆誰が担当者になるか？

- パイロット
- 航空管制官
- フライトレコーダー

◆各議題を次の形式にまとめる

- 議題
- 時間（時刻と合計時間）
- 担当者

・目的
・プロセスとその時間
・情報
・参加者に求めること
・いつ、誰が、何をするか

◆各項目の現実的な時間枠を設定し、経験によって学ぶ

・どれくらいの出席者がこれについて発言したがるか
・出席者の発言にはどれくらいかかるか
・この問題には活発な議論が必要か
・過去の記録では、この問題、あるいはこの種の問題について、どれくらいの時間が必要だったか

◆議事計画の順番を考える

・プロセスごとにまとめる？
・議題ごとにまとめる？

◆エネルギーと時刻を考える

◆エネルギーと議題を考える

◆優先度に応じて議題の順番を考える

5

定刻に開始し、定刻に終了する

早くなければ、遅刻だ。

――軍隊の言葉

会議の始めに、参加者を待って時間を費やしたことはありませんか？　同じように待っている人は何人いましたか？　それぞれの1分あたりの給与はいくらでしょうか？　計算してみましょう。ほかにやるべきことはありませんでしたか？

予定よりも長引いた会議に費やした時間はどれくらいありましたか？　ひとりの参加者がいつも長々と話したり、脱線したりするせいで会議が長引いたことは？　そのおかげであなたは、直後に設定されていた次の会議に遅刻し、人を待たせる側になってしまうのです。

無限のサイクル

会議が嫌われがちなのは、時間の無駄のように思われる会議が多すぎるからです。そのため、今やっていることをやめて会議に出るのが難しくなるのです。遅刻者を待っていて会議が定刻に始まらないと、定刻に来た人たちは貴重な教訓を得ます。「どうして、定刻に来たせいで時間を無駄にしなきゃならないんだ?」。次の会議では、定刻に来る気をなくすかもしれません。しかし次の会議では、前回遅刻した人の何人かは定刻にやってきて、遅刻者を待つはめになります。ふたたび会議の開始が遅れ、前回は教訓を得られなかった人が同じ教訓を得ます。「どうして、定刻に来たせいで時間を無駄にしなきゃならないんだ?」。これが無限のサイクルを繰り返すようになるまで、時間はかかりません。

定刻に開始し、定刻に終了することは、どちらも会議の集中を保つために重要です。会議が定刻に開始し、終了し、自分の1日を食いつぶされることがないとわかっていれば、会議にもっと集中できるでしょう。誰もが忙しすぎ、やることが多すぎるのです。他者の時間と貴重なグループの時間を尊重することが、定刻に開始し終了するための第一歩です。そのためには、各議題の予定時間を、適正な達成時間に合わせて入念かつ現実的に計画しておかなければなりません。

無限サイクルを破壊し、新たな定刻の時代を始めなければいけないのです。この考えには全員の参画が必要です。全員が約束するのを、全員が聞くようにしなければなりません。理想を言えば、顔を合わせた会議で直接聞きたいところです。グループメールを使ってもいいでしょう。全員が揃った会議の席にいるなら、部屋を回って全員にひとりずつ「定刻に来ると約束します」と言ってもらうことをお勧めします。メールでこの約束をする場合は、各自が書いた約束の文章を、グループ全員に送信してもらうようにします。

もしも誰かがこの約束を守れなかったらどうしますか？　思い出させる方法はたくさんあります。想像の翼を大胆に広げましょう。会議の開始と同時にドアに鍵をかけ、誰も入れないようにする組織はたくさんあります。遅刻者は会議に出席できず、あとでフォローを受けることもできません。会議室を変更し、どこに行ったかを示すメモも残さないグループもあります。遅刻者は廊下をさまよい、以降の会議には必ず定刻に来るようになります。罰金を設けて、慈善活動の資金とするグループもあります。あるチームは、詰め物のない折りたたみ式の金属椅子を用意し、遅刻者にその椅子を割り当てました。

もちろん、正当な理由をもつ遅刻もあります。直前の会議の終了が遅れたケースもあるでしょうし、上司や顧客のせい、あるいは緊急の事態で遅れることもあるでしょう。それは許されるべきです。排除しなければならないのは、個人でコントロールできるはずの慢性的な遅刻です。

遅刻者にはフォローしない

そのためには、遅刻者には議論の内容についてフォローしないことをお勧めします。フォローすることで、遅刻を常習化させてしまいます。遅刻しても会議に参加できてしまうのですから。もしも遅刻者が、ほかの参加者よりも上の地位についていたとしたら、どうでしょう？　この手段を導入する前に、会議の出席者全員（高い地位の者を含む）が対象となることにあらかじめ賛同を得ておく必要があります。

この手段によって、言葉による説明がなくても、会議をすばやく進めることができます。このあとの章で、その効果をお見せできるでしょう。

イレギュラーな時刻に開始する

定刻に開始するために、強くお勧めするのは、会議の開始時間を2時17分といったイレギュラーな時間に設定することです。ふざけているわけではありません。ソニー・ピクチャーズの敷地内制限速度は、時速7マイルです。マートル・ビーチ空港の制限速度は時速17マイルです。その数字は、調査のもとで決定されたと思いますか？　いいえ、そうではありません。その数

字は変わっていて珍しいため、人々の関心を引くからです。

変わった数字は、何日も意識に残ります。2時17分に到着するために、現在地から会議場までどれくらいかかるかを心の中で計算するようになります。どうしてそんな変な時刻にしたのかと尋ねる電話やメールを受けるかもしれません。そのときはこう答えましょう。「それは重要なことなんだ」

アウトルックの妨害と移動時間

私のトレーニングを受けている人からよく聞く不平は、マイクロソフトのアウトルック（あるいは他のスケジュール用ソフトウェア）の規定値が1時間刻みであり、ある会議の終了時間が別の会議の開始時間となるため、全員揃って定刻に開始できないということです。会議に行くための移動時間も考慮しなければなりません。そのためには、10時13分といったイレギュラーな開始時間が役に立つでしょう。

バーチャル会議の問題点

バーチャル会議では、イレギュラーな開始時間を設定するだけでなく、到着時間も発表しましょう。送信メールには、「ログインは3時56分までに。会議は4時2分きっかりに開始します」と書きます。リンクが見つからないとか、接続の障害が生じたなどの理由で遅刻する場合がありますが、それはばかげています。現実世界では、ログインするというのは、自分の机を離れて会議室に歩いていくことです。エレベーターを使うこともあるでしょう。どちらも、時間の余裕を見て、会議の開始前にやっておくべきことです。実際の会議で、開始時間ぴったりに、全員が会議室にかけこもうとする様子を想像してみれば、滑稽な情景が浮かびます。皆がドア枠につかえてしまうでしょう。実際に顔を合わせる会議でも、到着時間を特定しておくのは良いアイデアです。

誰もが多忙であり、１日の時間は限られています。生涯の時間も限られているのです。時間という貴重な資源は尊重しなければなりません。

明確な議事計画を立て、時間を尊重することで、会議を成功に導く基礎が築かれます。入念な準備と集中によって、効率的で効果的な会議を開くことができるのです。

会議が変わるとき

大きな時計のカウントダウン

遅刻者はいつも発生し、開始時間の遅れや2、3人の遅刻常習犯へのフォローのせいで、時間が無駄になっていました。私たちは新たなルールを定めました。開始時間は、毎時きっか

りです。その時刻は、会議室にある時計だけをもとにします。その時計が開始時間の10秒前になると、全員が声に出してカウントダウンを始めます。10、9、8、7、6、5、4、3、2、1。そして会議を始めます。遅刻者へのフォローはまったく行いません。驚いたことに、あっという間に、皆が定時に集まるようになりました。（病理学・臨床検査学の主任博士）

立ち上がってドアに鍵をかける

その会社のCEOの前職は、空軍士官学校でした。彼は会議の時間を短縮し、核心を突いたものにするため、立ったままの、椅子なしの会議を行いました。また、定刻に会議を始め、ドアに鍵をかけて、例外は設けませんでした。あるときなど、上級副社長が中に入れず、会議の間じゅう外に立っていたことがありました。全社員がそのメッセージを受け取るまで、長くはかかりませんでした。（製造会社人事課長）

まとめ

- ◆**サイクルを壊す**
- ◆**時間を守る約束を全員から取りつける**
- ◆**イレギュラーな時間に開始する**

◆遅刻者へのフォローはしない
◆移動時間を考慮する
◆バーチャル会議ではログインの時間を特定し、顔を合わせた会議では到着時間を定める

パート 3

会議中、そして会議の後

6

会議運営者の心得

新しいやり方を導入するときには、
まわりの反発を受ける覚悟が必要だ。
――ラリー・エリソン（オラクル創業者）

飛行機の旅を成功させるには、各プロセスを担当する2～3人で果たさなければならない、はっきりとした役割があります。その人たちをパイロット、航空管制官、フライトレコーダーと呼びましょう。理想を言えば、この3名は仕事に専念し、会議の参加者ではないほうがよいのですが、そんな贅沢は期待しません。ほとんどの会議では、運営者も会議に参加します。

当初は、プロセスにかかわる役割をこなしながら会議に参加することに混乱するかもしれません。しかし、その役割はかなりシンプルですし、何事も学びはじめたときはそうであるように、最初は十分に注意しなければならないですが、しばらくすると自動的に楽々と対処できるようになります。自動車の運転を習いはじめたときはどうでしたか？　あらゆる細部に集中し

なくてはいけなかったでしょう。けれども今は、長距離運転もでき、その旅がほとんど記憶に残らないほどではありませんか。

さあ、フライトクルーを紹介しましょう。

フライトクルーの役割と、その責任

パイロット

パイロットは会議の議長であり、フライトプランと議事計画に基づいて、参加者全員を定刻にうまく目的地に到着させる責任を負っています。パイロットはタイムキーパーの代表者でもあります。各議題に割り当てられた時間に注意を払い、確実に定刻に始まり、定刻に終わるようにします。

個々の議題に、計測すべきサブプロセスが設定されていることがあります。たとえば、30分の議題の場合、5分間のプレゼンテーション、5分間の質疑応答、そして20分間の議論というように。パイロットは議題の各プロセスの時間を計測し、フライトプランに従って、予定どおりに飛行しなければなりません。

最後に、もうひとつの重要な役割は、参加者に発言の制限時間を守らせることです。それは全員の安全のためであり、会議がハイジャックされないようにするためです。

議題を締めくくる

ひとつの議題が終われば、パイロット（ときにはフライトレコーダー）は決まった事項をまとめて言葉で伝え、次のステップについて説明します。

◆議論の内容
◆決議
◆次のステップ
◆次のステップの担当者
◆次のステップの時期

フライトレコーダーは、議事計画の最後の項目、「誰が、何を、いつ」のところにその情報を書きとめます。

航空管制官

航空管制官は、参加者を集中させ、バランスをとるという大きな責任を負います。この後のふたつの章では、その方法を詳しく説明します。

参加者の集中を保つために、航空管制官は消去可能な視覚装置を用いて、全員に常に議題とそのプロセス（議論やブレインストーミングなど）が見えるようにします。そうすれば、自分たちが何について、どのように話し合っているのかを全員が把握できます。

航空管制官は、発言順序を制御する責任も負います。参加者に発言許可を与え、積極的な人がほかの人を圧倒し、消極的な人が引きこもらないようにします。私は発言順序を「行列」と呼んでいます。希望者の「行列」では、参加者は手を挙げて列に加わります。順繰りに発言する「行列」では、会議室の全員の意見を順番に聞くことになります。

フライトレコーダー

フライトレコーダーの役割は、フライトを立体的思考に導くために重要です。その内容は9章で詳細に説明します。重要なポイントは、フライトレコーダーは紙やコンピュータを用いて人々の意見をまとめ、会議中の情報を記録するということです。

フライトレコーダーが主として責任を負うのは、参加者のアイデアや貢献を正確に把握することです。一言一句の記録をとることはしません。最小限の言葉で、人々の重要なポイントを正確にとらえます。発言者が使ったのと同じ用語を書くことをお勧めしますが、それはその言葉が発言者にとって重要な意味を持つからです。何と書いたらいいか確信が持てない場合は、発言者に確認して、正確に記録するようにしましょう。

フライトレコーダーは、必要な補足情報や会議の報告を全員が確実に受け取れるようにする責任も負います。

議事録

詳細な議事録をとる必要があるタイプの会議では、その作業に専念する人を指定するのが最上の策です。どれくらい詳細にするかは、規定によって違います。

フライト記録の場合は、議事録とは詳細さが異なります。フライト記録では、立体的に把握できるよう、機能的なメモをとります。あまり細部にこだわりすぎると、立体的な見方が損なわれてしまいます。

約束を守らせる係

会議後の自発的な行動を追跡する役割です。会議後に役員が行動することになるボランティアの役員会では、この役割がとくに役に立ちました。四半期ごとに2日間だけ開かれる会議の場合、ある項目に志願するのは簡単ですが、会議が終わればそのまま忘れてしまうこともありますし、無理な約束をしてしまうこともあります。

約束を守らせる役は、会議中に参加者が約束したことを書きとめておき、会議後にまとめて全出席者にメールで送付します。約束の性質を確認し、正確に記録しておかねばなりません。フ

ライトレコーダーがこの役を引き受けることは可能です。別の用紙やページに約束を書きとめればよいのです。

副操縦士

残りの会議参加者全員を代表する役です。プロセスを保持する責任を負うので、私は副操縦士と呼んでいます。副操縦士がコースをそれたとき、それを指摘してコースを修正する責任と権利は全員が持っています。それは、航空管制官の許可なしに発言していい唯一の機会です。そのプロセスは参加者の負担になるものではなく、むしろ、全員が当事者意識を持って行うべきものです。

役割の結合

顔を合わせた会議では、私はいつも3名に3つの異なる役割を割り振り、視覚装置をふたつ使ってもらいます。ひとつは、航空管制官が議題やプロセス、発言の順番の管理に使う装置で、もうひとつはフライトレコーダー用です。

コンピュータを使ったバーチャル会議では、皆がひとつのスクリーンを共有します。そのスクリーンはフライト記録にも使われます。バーチャル会議では、ひとりの人間が3つ全部の役割を果たすことができます。ただその欠点は、その人が会議に参加するのが難しくなるということです。ふたりのほうがいいでしょう。その場合は、航空管制官の役割はパイロットとフライトレコーダーに分割されます。

パイロットは時間に注意し、航空管制官の役割の一部である、発言順序の監視をします。手を挙げた参加者のリストを管理し、順番に発言してもらう場合には次の発言者を呼び出します。

フライトレコーダーは、全員が見ているスクリーンを制御するとともに、人々の考えを把握して、立体的思考を生み出します。ここで思い出してください。航空管制官には、もうひとつ重要な責任がありました。議題とプロセスに対して皆を集中させることです。フライトレコーダーがパワーポイントを使っているなら、現在の議題とプロセスをスライドのタイトル部分に表示させ、皆の考えは箇条書きで本文に記録しましょう。

クルーの交代

パイロット、航空管制官、フライトレコーダーの役は交代させることをお勧めします。そうすれば、会議の責任者としてのスキルを全員が上達させることができます。しかし、あるプロセスを扱うのに適したスキルを持つ人もいるでしょう。たとえば、紙のフリップを使う場合にはきちょうめんな字を書く人が、コンピュータを使う場合にはタイピングのスキルを持つ人が、

フライトレコーダーに適しています。

組織構造の最上位にある人がパイロットになるとは思わないでください。その人はただの参加者でいたいかもしれないし、ボスがかかわっていないほうが意見の交換がスムーズに進むこともあります。

基本的には、役割を交代させることで、プロセスに対する責任を負わせ、当事者意識を強めることができます。いつものプロセス担当者が出席できない場合の予行練習ともなるでしょう。プロセスの担当者は、航空管制官の許可なしに、プロセスに関して必要な発言ができます。たとえばフライトレコーダーは、発言者の要点を正確に書きとめるために、確認してかまいません。ただし会議の参加者としては、他の人と同じ規則に従います。パイロットとフライトレコーダーに何か発言したいことがあり、「行列」に加わりたいときには、航空管制官に連絡し、その許可を受けて「行列」するのです。

会議が変わるとき

ターミネーター

会議中には常に妨害が入るものです。私たちの場合、ジョーという男がとりわけ、その技に優れていました。私たちは直接本人に指摘はせず、ひとつの問題として対処することにしました。ターミネーターという役を設け、誰かの妨害をした人から25セントを徴収することにしたのです。

次の会議で全員が席に着くと、ジョーはポケットから何かを取り出しました。25セント硬貨の束をふたつテーブルにたたきつけて、「参加するよ！」と言ったのです。私たちは笑い転げました。知らない間に、私たち全員が（ジョーを含め）妨害上手になっていたのです。

（通信会社の中間管理職）

まとめ

【会議運営者の役割と責任】

◆パイロット

- 議事計画の舵をとる
- 会議が予定どおりのコースと時間で進むようにする
- 発言時間を設定して告げる
- 議題を締めくくる
- ある議題についてもっと時間が必要になったときに決断を下し、どの項目から時間を割り当てるかを決める

◆航空管制官

・視覚装置を担当する
・現在の議題とプロセスを正確に表示する
・発言の順番を管理し、発言許可を出す

◆フライトレコーダー

・議論の要点をまとめて記録する
・考えや意見をもれなく書きとめる
・会議後に、全出席者にまとめを送る

◆約束を守らせる役（フライトレコーダー兼任も可）

・参加者の約束を記録し、会議後に配布する

◆乗客と副操縦士

・「ジェット会議法」のプロセスのルールに従って行動する
・会議がコースをそれたら指摘する

7 脱線を防ぐ方策

行動計画を立て、最後までそれをやり通すには、
勇気が必要である。

――ラルフ・ウォルドー・エマーソン

会議に集中をもたらす

立体的思考をするためには、集中が必要です。参加者にうまく集中してもらうためには、各議題がはっきりとした目的を備え、「参加者に何を求めるか」が明快であるよう準備しておかなければなりません。このふたつは、事前に必ず備えておくべき重要なものです。全員の集中をさらに確実にするため、会議では、次の点に気をつけましょう。

◆同じ問題を

◆同時に
◆同じやり方で
◆同じプロセスを使う

視覚装置を用いて集中をもたらす

視覚装置を使うのは、皆の関心を集めて、集中と立体的思考をもたらすためのもうひとつの重要な方法です。視覚装置を使えば、出席者の全員が見ることができます。たとえばホワイトボードやフリップ、コンピュータに接続されたモニターやプロジェクターなどです。消去可能な装置もあれば、そうでないものもあります。ホワイトボードの文字は消せますが、フリップの場合は消せません。「ジェット会議法」のプロセスでは、どちらのタイプの視覚装置も用いられます。

同じ議題に、同時に同じプロセスで全員を集中させたいときには、消去できるタイプの視覚装置が最適です。議題を書く場所とプロセスを書く場所を視覚装置上に設け、議題とプロセスに集中させる責任を負うのは、航空管制官です。

バーチャル会議では、音声だけを聞くのではなく、スクリーンを見られることの重要性を全員に理解してもらうことが重要です。スクリーンが見られなければ、参加者が完全に集中せず、他の作業をやっていたり、十分に参加できない環境にあったりする可能性が生じます（バーチャル会議の問題については12章で詳細に取り上げます）。

議題欄

顔を合わせる会議では、議題とプロセスに集中させるためにホワイトボードを用いるのが便利です。ボードの左側に議題とプロセスを書く欄を設けます。

バーチャル会議でも同様に、シンプルなパワーポイントのスライドが効果を発揮します。スライドのタイトル部分に議題とプロセスを記入してください。フライト記録は箇条書きにしますが、その件についてはあとで述べます。

進行中の議題を議題欄に、実行中のプロセスをプロセス欄に書きます。議題が変われば、航空管制官は議題欄を書き換えます。副題を付け加える場合もあるでしょう。たとえば、「ジェット会議法」のプロセスを自分の組織に導入する価値について話し合っている場合には、議題欄に「ジェット会議法のプロセスをこの組織に導入する価値」と書いてください。その後、議論の焦点がより具体的になった場合には、「ブリンクマン博士の指導を社の講師に受けさせ、ジェット会議法のプロセスを自分の組織に導入する価値」などと書きましょう。会議がコースをはずれていない限り、議題欄は常に、皆が集中すべき問題を反映させていなければなりません。

議題：

「ジェット会議法」プロセスの導入

プロセス：

議論（20分）

ホワイトボードを使った場合の議題欄とプロセス欄

議題：**「ジェット会議法」プロセスの導入**
プロセス：**議論（20分）**

-
-
-
-
-
-
-

パワーポイントを使った場合の議題欄とプロセス欄

プロセス欄

プロセス欄には、議題に関連してどのプロセスが用いられるかを記入します。たとえば、ブレインストーミングや議論などです（プロセスの種類についてはあとで述べます）。プロセス名の次には、そのプロセスを用いて議題を扱う時間を記します。

たとえば、議題が、その会社の会議の状況についての10分間のプレゼンテーションで始まり、続いて5分間の質疑応答、「ジェット会議法」を導入する価値についての20分間の議論が行われ、ブリンクマン博士の指導を講師に受けさせる是非についての分析が10分間行われるとします。その後、5分間で出席者の投票による決議が行われます。

合計50分の間、プロセス欄には常にひとつのプロセスだけを表示させます。最初にプレゼンテーション10分、質疑応答5分、議論20分、是非（適不適）についての分析10分、最後に投票による決議5分。そうすることで、全員が同時に同じプロセスに集中できます。

議題欄とプロセス欄に加え、出席者の前にあるフライトプラン（議事計画）によって、会議の内容とその方法、目的、そして「出席者に求めること」の全体像が示されます。

◆1番目の議題：「ジェット会議法」プロセスの導入
◆時間：10時36分から9時38分（50分間）
◆担当：ジェフ

7
脱線を防ぐ方策

◆目的：会議運営に広範な施策を導入することで時間削減と効率化が可能かどうかを検討
◆プロセスと時間：
・プレゼンテーション、10分（ジェフ）
・質疑応答、６分
・議論、20分
・是非の分析、各５分、計10分
・投票と決議、５分
◆情報：「ジェット会議法」プロセスについての添付文書を参照のこと
◆参加者に求めること：この件が自分のチームにどんな意味を持つか、時間をかける価値があるかどうかを広い視野で考えてほしい
◆いつ、誰が、何をするか：

議題欄とプロセス欄を使うことで、出席者全員に、集中すべき議題とそのためのプロセスと使用時間を常に知らせることができます。会議に遅れてきた人がいたとしても（そうでないほうが好ましいですが）、ホワイトボードを見ればすぐにそのときの議題とプロセスを把握できます。フォローを受けて会議を妨げることなく、遅刻者が容易に会議内容に追いつけるのです。

現在の議題に対しては、設定されたプロセスを用いて発言することしか認められません。例外はありません。これは、コースに沿って進むときの基本的なルールです。そのプロセスを試す前には、皆の了承を得ておくようにしましょう。

駐機場

もしも誰かが違う方向にそれてしまったら、「すみませんが、その話は脱線しています」と止めるのは、パイロットの責任です。もしその脱線したポイントや考え、問題が重要だと思われた場合は、「駐機場」に停めておきましょう。ここで言う「駐機場」は、現時点で集中すべき議題ではないが、重要と思われる問題が現れたときに、それを置いておく場所のことです。実際の会議では、フライトレコーダーがその目的のためにページをあけておくといいでしょう。

バーチャル会議では、すぐに空白のスライドページを出して、そこに書き込んでおきます。現在の議題から離れたくはないですが、その問題を忘れてはいけません。同時に、その問題を持ち出した人に満足感を与え、当面の議題にふたたび集中してもらえます。自分の提案が無視されたと感じさせたら、ふたたびその問題が蒸し返されて時間の無駄となる可能性が生じます。時間が許せば、その会議中に扱ってもいいでしょう。時間がなければ、次回の会議に回します。

全員が副操縦士

誰もが副操縦士であることを、心に留めておきましょう。脱線したコメントをパイロットが指摘しなかった場合、代わりに指摘する権利と責任は全員にあります。

気をつけないといけないのは、議題からの脱線だけではありません。現在のプロセスを守ることにも注意を払いましょう。たとえば、もしその議題が「ブリンクマン博士のプログラムの場所」で、そのプロセスがブレインストーミングだったときに、誰かが「自分たちの研修設備」について言及し、ほかの誰かが「小さすぎるね」と返したとします。パイロットはただちに「今はまだブレインストーミングの時間です。議論の時間はこのあとです。現在のプロセスを進めましょう」と言うべきです。

議題欄とプロセス欄の目的は、同時に同じ方法で同じものに全員が集中するようにすることです。会議がコースをそれることのないようにし、立体的思考を助け、定刻に目的地に到着させます。次の章では、航空管制官が参加者のバランスをとる力について述べましょう。

会議が変わるとき

〈博識家〉の害を防ぐ

何年にもわたって、毎週水曜日に3時間の会議が開かれていました。初めて「ジェット会議法」のプロセスを用いたとき、その会議を1時間で終わらせることができました。何よりも私たちが感銘を受けたのは、その会議が高い成果をあげたことです。それは、〈博識家〉が不要な長話をひけらかすのを、ついに制御することができたおかげです。〈博識家〉はこのプロセスがあまり気に入らなかったようでしたが、私たちはたいへん気に入りました！

（航空機製造会社の品質管理担当者）

まとめ

◆消去可能な視覚装置を用いて議題とプロセスに集中させる
◆バーチャル会議では、視覚装置としてパワーポイントのスライドを用い、タイトル欄に議題とプロセスを入れる
◆顔を合わせた会議では、パワーポイントのスライドあるいはホワイトボードを使う
◆一度に扱う議題とプロセスはひとつだけにする
◆それぞれのプロセスには、そのプロセスに割り当てられた時間を示す数字をつける
◆誰かがコースをそれた場合、それを指摘してコースを修正する責任は、主としてパイロットが負う。もしパイロットが指摘しなければ、参加者なら誰でも代わりに指摘してよい
◆議題からそれてはいるが重要な問題が発生した場合は、「駐機場」と呼ぶ別の文書に待避させる

8 参加者をまとめる秘訣

不可能なことをやるのはおもしろい。

——ウォルト・ディズニー

立体的思考を獲得するためには、全員の参加が必要です。たいていの会議で起こりがちな問題は、積極的な参加者が会話の主導権を握り、消極的な人が脱落してしまうことです。そのため、全体の意見が一致しないまま、積極的な少数の意見が通ってしまいます

発言の順番が決められておらず、発言者の言葉に耳を傾けることもせずに好きなときに発言している場合、積極的な人は、発言者の呼吸（誰でもときどきは息を吸わないといけませんから）に注目し、口をはさむタイミングを見つけては、自分の言いたいことを言います。最初の発言者がまだ発言を終えていなければ、妨害者の話にかぶせて発言を続けるでしょうし、妨害者が息継ぎをするまで待って言葉をはさむこともできます。いっぽう、最初の発言者の邪魔をできなかった残りの出席者は、発言者の呼吸にさらに注目して、自分たちが発言する順番を獲

得しようとします。

積極的な人たちが呼吸のゲームを競い合っている間に、消極的な人たちは脱落していきます。一部の出席者が何も発言しない会議に出たことはありませんか？　多くの人にとって、競い合ってまで発言する価値はありません。主張の強くない人たちは、たとえ発言に反対であっても、沈黙を保ちます。すばらしい思いつきを持っていたとしても、それを発表することはありません。消極的な人たちが脱落するのは、片方の視力を失うようなものです。視野が狭まり、立体的思考ができなくなります。会議の最も重要な価値が失われるのです。

同時に、積極的な人々が発言を競い合っているとき、彼らは他者の意見に真剣に耳を傾けていません。ただ自分の言いたいことを言うために聞いているだけです。ある意味では、そこでも視力が失われ、立体的思考もできなくなっています。さらに悪いことに、会議後にもさらに多くの時間が無駄になります。消極的な人が、了承を得られたはずのプロセスに実は賛成しておらず、会議中には言わずに後になって妨害することがあるからです。また、自分たちが犠牲になったように感じ、まわりをうんざりさせる〈愚痴り屋〉になってしまうこともあります。

主張の強さ、弱さにかかわらず、発言の順番が指定されていなければ、真剣に耳を傾けるに十分な関心は残りません。

バーチャル会議の問題点

コンピュータや電話を使ったバーチャル会議には、また別の問題があります。参加者が遠慮しすぎることが多く、やっと話をしたときにはお互いにぶつかったりして、全員がさらに控えめな態度になってしまいます。皆、関心は持っているのでしょうが、各自の独特なすばらしい意見を得ることはできず、立体的思考もできません。

お互いに耳を傾け、理解しないのであれば、会議を開く意味はまったくありません。会議とはアイデアや意見を分かち合うためのもので、発言を競い合ったり自分の話を聞いたりするものではありません。立体的思考には、全員の参加と関心が必要なのです。

発言の順番が指定されていれば、競い合うことはなくなります。積極的な人たちも他の意見に耳を傾けるようになり、消極的な人たちも発言への抵抗がなくなります。参加者ひとりひとりの話を、全員が集中して聞くようになるのです。発言者は自分の言葉を十分に聞いてもらえている気がしますし、実際にもそのとおりなのです。立体的思考ができるようになり、会議の成果として高品質のアイデアがもたらされます。

繰り返しを排除する

会議で同じ発言を繰り返す人を見たことはありませんか？　会議で同じ発言を繰り返す人を

見たことはありませんか？　会議で同じ発言を繰り返す人を見たことはありませんか？　同じ発言を繰り返すとき、その人は重要なことを言いたいのに、聞いてもらえていない気がしているのです。発言の順番を管理して、参加者のバランスをとれば、皆がリラックスして耳を傾けるようになります。話を聞いてもらえたと感じれば、繰り返しはなくなります。

「行列」をコントロールする

6章で触れたとおり、私は発言の順序のことを「行列」と呼んでいます。航空管制官は、議題欄とプロセス欄が常に会議の焦点を正確に反映しているよう気を配ります。そうすれば、誰かが会議室に入ってきたときにも、現在の焦点とその取り組み方がすぐにわかります。

「行列」は3つの方法で用いられます。

①自発的に、手を挙げて（あるいはバーチャルな手を挙げて）「行列」に加わる
②発言者の順番をあらかじめ決めておく
③全員が含まれるよう、ランダムな順番を設定する

どの方法を使うかは、その会議がバーチャルなものか顔を合わせたものか、参加者は何名か、

消極的か積極的かなどの要素によって決まります。

まずは、顔を合わせた会議での希望者による「行列」について検討しましょう。ホワイトボードを使って航空管制を行うなら、議題欄とプロセス欄の右側に、縦長の欄を設けて「行列」を管理しましょう。「行列」のリストは、次の発言者を示すものです。その会議で発言するためには、「行列」に加わらなければいけません。

発言の時間枠を定める

全員に参加してもらいつつ、会議を定刻に終わらせるには、「行列」に並んだ人の発言の時間枠を設定しなければいけません。たとえば、議論のプロセスに30分使うとします。パイロットは、議題とプロセスを告げてから、「行列」に並んだ人の発言時間を述べます。これは非常に重要なことです。仮に、その30分間の議論に6人が発言するとしたら、合計時間をその人数で割りましょう。つまり、ひとり5分間ということになります。

しかし、議論というのはある程度、行きつ戻りつするものなので、ひとりが複数回の発言をする必要が生じることもあります。その場合は、パイロットは「行列」に並んだ人全員に、ひとり2分間という制限を告げます。各プロセスに合計時間枠（たとえば議論には30分間）を設けるように、「行列」に並んだ人の発言にも時間枠の制限を設けます。私の経験で言えば、2分間あれば意見を言うには十分です。

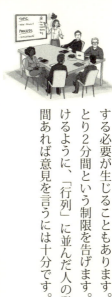

もちろん、その議事計画で、特定の議題の議論に割り当てられた時間が現実的なものであることが最も重要です。議題とプロセス、発言時間を述べた後、パイロットが発言希望者を募ると、多くの人が手を挙げるでしょう。ホワイトボードを管理する航空管制官は、彼らの名前を「行列」リストにまとめます。発言が終わった人の名前は消されます。積極的な人が場を支配していなければ、「行列」に加わるには、手を挙げるだけですみます。積極的な人が場を支配していなければ、最も消極的な人でも手を挙げようとするでしょう。航空管制官自身も会議に参加していて、発言したい場合には、自分の名前を「行列」に書き加えましょう。

希望者ではなく、順に発言する

バーチャル会議の場合は、たとえ出席者がバーチャルに挙手できる会議ソフトウェアを使っていたとしても、あらかじめ順番を定められた「行列」を使うほうがいいでしょう。会議の始めに、名前あるいは名字のアルファベット順に順番を設定しておきましょう。

電話会議の場合は、発言の順序を事前に決めて議事計画に載せておくべきです。顔を合わせた会議でも、順繰りに発言する方法を使うのは賢明な方法です。そうすれば、全員の意見を確実に聞けるからです。順繰りに発言する方法はシンプルで簡単ですし、秩序があります。しかし、もし参加者の数がたいへん多い場合は、時間の問題で、希望者を募る方法を使わなくてはならないでしょう。

バーチャル会議の参加者の数が多すぎて、順繰りに発言する方法が使えない場合、航空管制官は、ソフトウェアのコントロールパネルに表示される「挙手」のサインに注意しておきましょう。発言者が交代するときには、その後の発言者の順番を告げなければいけません。たとえば、「はい、ありがとう、ジャック。次はメアリーです。その後はスー、マリー、ジェフと続きます」というように。そうすれば、発言予定者は自分の順番を把握でき、安心して発言に集中できます。

ランダムな発言順序のメリット

バーチャル会議で、参加者が気を抜かずに注意を払い、ほかの作業をしていないという確信を得たいなら、ランダムな発言順序を採用しましょう。全員に発言の機会を与えますが、その順番はパイロットか航空管制官がランダムに指名するのです。そのことは事前に通知し、発言許可に備えるよう念を押しておきましょう。

他の参加者に質問をするには

「他の人の発言に質問があった場合はどうするのですか？」という質問をひんぱんに受けます。その対処法をいくつか試してみたところ、最もシンプルな解決法は、「行列」に加わってその質問をしてもらうことでした。５人の順番を待った後になってしまうかもしれませんが、全員がリラックスしてお互いの意見に耳を傾けていますし、フライト記録（9章参照）もありますから、少し前の発言に戻るのも難しくはありません。

「行列」に並んでいる人が、他の人の発言内容を明確にするための質問をすれば、質問を受けた人は一時的に発言権を得ます。ただし、その質問に対して答えるだけです。パイロットはその発言者が以前の発言を超えた内容を話したり、言い直したりしないかどうか、よく注意していなければなりません。それは「行列」に並んだ質問者のための時間であり、答える者の時間ではないのです。

質問に答える人の発言が行き過ぎたものになれば、パイロットは穏便に中断させましょう。「行列」に並んだ質問者がその答えに基づいた意見を言いたいようなら、パイロットはさらに2分間を与えますが、質問に答えてもらうだけで十分な場合もあります。

議題の時間を延長する

ときには、パイロットが飛行中に判断を下して、ある議題にあてられた時間を変更しなければならないこともあります。

たとえば、非常に重要な問題について実りの多い議論が交わされ、その項目にあてられた時間が尽きそうになったとします。パイロットは、その議論が、議事計画の他の項目よりも重要

であるという判断を下すことができます。4章「議事計画の極意」で述べたとおり、重要な項目を最初に配置しておくことで、このように柔軟な対処ができるのです。

パイロットは他の項目の時間を減らして、その時間を現在の議論に加えたり、その後の項目そのものをカットして時間をつくったりすることもできます。時間を変更すると決定したら、パイロットは全員に通知しなければなりません。ただし、議論の邪魔にはならないようにします。現在の発言者が発言を終えるのを待って、「議論の途中に失礼します。この議論にはもう少し時間が必要だと思われますので、ＸＹＺプロジェクトについての議論は次回に延期いたします。そうすれば、この議論にあと20分の時間をとることができます」

そしてパイロットは、「行列」に並んだ次の人に発言の場を譲ります。しかし、もし誰かがこの決定に関する発言のため、その場で手を挙げた場合は、確認しましょう。「ティム、この決定に対して意見があるのですか？」。ティムがこう答えます。「はい、私はＸＹＺの顧客に対して、今日中に結論を伝えなければなりません。この議題は延期されるとのことですが、この問題に関する皆さんの意見をどうしても知る必要があるんです」

こういった場合は、パイロットはその議題を保持し、他の項目を延期しましょう。あるいは、他の方法で目的を達成することもできます。「フランクはサリーと一緒に、会議が終わってから15分間協力してくれませんか。あなたたちはこの件に関して決定を下す立場ですから。ほかに協力してくれる人がいれば、残ってください」

議論を終わらせる

パイロットは、「行列」の長さに注意し、今後の時間の予想を立てなければなりません。たとえば議論中に、その議題にあてられた時間があと15分しかなくなったとします。「行列」にはまだ7人が並んでいて、各自に割り当てられた時間は最長2分間です。

7人全員が2分間をぎりぎりまで使ったとすると、合計14分になります。従って、現在の発言者が話を終え、次の発言者が話しはじめる前に、パイロットは告げておかなければなりません。「議論中に失礼しますが、現在並んでいる人で予定時間は消化される見込みです。『行列』は締め切らせていただきます」。そして航空管制官は、ホワイトボードに書いた「行列」の最後の名前の下に線を引きます。パイロットがその項目に割り当てられた時間を変更しない限り、「行列」にはもう誰も加われません。

このように「行列」を使えば、全員がリラックスして他の発言に耳を傾けることができます。議題欄とプロセス欄を一緒に使えば、さらに強力なものとなります。全員が同じ議題に集中し、同じプロセスを使うことになります。参加者のバランスをうまくとることができますし、参加者はフライトプランの予定を把握できます（この会議は永遠に終わらないわけではないということです）。

また、発言するには手を挙げるだけでいいのです。航空管制官が「行列」を管理することは、皆がほかの人の意見を理解し、立体的思考をして、より質の高いアイデアや結果を生み出すために重要なのです。

同意を示す合図

顔を合わせた会議の場合、「ジェット会議法」の重要なプロセスは、「同意」を示す音の合図を決めておくことです。その合図は発言者の妨げになるものであってはいけません。バーチャル会議や電話会議では使えませんが、顔を合わせた会議では非常に効果的です。合図の例をいくつかあげてみましょう。机をたたく（これはカナダ議会が採用しています）、ペンでコップをたたく、静かに手をたたく、あるいは「賛成」と言うなどの例があります。

この合図が重要である理由はたくさんあります。ある議論のとき、7人が「行列」に並んでいて、それぞれ最長2分間の発言をするとします。7番目に並んでいるメアリーは、自分の意見がそれまでに発言された意見に基づいていることを知らせたいと思っています。その場合、メアリーは自分に割り当てられた2分間を全部使って、すでに発言された意見を繰り返し、同意を示すことになります。その2分間を使って言いたいことが他にあっても、繰り返しだけで時間を使い切ってしまうでしょう。議論に新たに付け加えることがなくても、自分の立場を示し

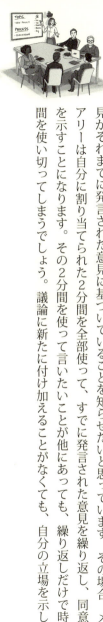

たくて、「行列」に並ぼうとすることもあります。音の合図を使えば、時間を節約できます。「行列」に並ぶことなく、同意を示すことができるのです。

音による合図を採用すれば、「行列」の最後のほうの人はリストから抜けるでしょう。すでに自分の立場を示すことができたからです。あるいは、すでに発言された意見を補強する必要があると感じたら、別の側面から見た意見を付け加えるでしょう。それによって議論の時間は短縮され、質は向上します。

音による合図は、皆の見解をすばやくまとめることができるので、スピードアップを図ることにもなります。マークが「会員を調査して、全国的な団体が優先すべき事項は何だと思うか調べるべきだと思います」と言ったとき、10人中10人が即座にコップをたたいたら、その問題が皆にとってとても重要だということがすぐにわかります。

音を使った合図の利点は他にもあります。発言者にフィードバックを与えられるということです。「行列」の秩序と、「ジェット会議法」を用いたときに発生する礼儀正しく耳を傾ける雰囲気のおかげで、発言者が語る部屋は静かです。音による合図は、聴衆が聞いているという印として働きます。

不賛成を示す合図はないことに注意しましょう。反対意見があれば、ただ「行列」に並んで、順番が来てから話してください。

音による合図の基準

出席者全員が同じ合図を使うようにしましょう。そのためには、事前にどんな合図を使うか決めておくことが大事です。その取り決めに5分以上かけないようにしましょう。音の合図についての基準をフリップに書き、その基準を全部満たす提案を出してもらいます。それから投票して、決めてしまいます。

合図の基準は次のとおりです。

①音を使った合図であること
②発言の邪魔になるような大きな音ではないこと
③全員が使いたくなる合図、使える合図であること

私の「ジェット会議法」プロセスを採用し、ただし、音による合図は採用しなかったグループの会議に出席したことがあります。そこには違いがありました。音による合図の有用性は、ぜひ経験してみるべきです。全員に勧めてください。大きな違いが生じるでしょう。時間を節約し、繰り返しを減らし、聞いてもらえているという感覚を発言者に与え、あるアイデアに対する皆の意見をすばやく知ることができ、会議を活性化することができるのです。

バーチャル会議と電話会議の場合

音による合図を電話会議やバーチャル会議に使うのはまったく問題外です。発言の邪魔になるからです。しかし、バーチャル会議のソフトウェアを使い、全員のウェブカメラがオンになっていれば、視覚的な合図を使うことは可能です。たとえば、親指を立てたり、静かに拍手したりして、同様の目的を達成できます。

次の章では、立体的思考を生み出すうえで重要な他の要素、フライト記録について詳しく見ていきます。

会議が変わるとき

逃しそうになったもの

私がお手伝いしたある戦略的計画会議で、私たちは20人ずつの4グループに分かれました。それぞれのグループにはコンピュータが1台与えられ、発言をスクリーンに記録するようになっています。参加者は円になって座りました。私はそれぞれのグループの世話役に、順繰りに発言する「行列」を使って、議題ごとの時間が許す限り、できるだけたくさん全員の意見を聞くように指示しました。

その後、私のグループの女性のひとりが、こういったグループではそれまで一度も発言を

希望したくならなかったと言いました。しかし今回はリラックスした雰囲気で、全員に順番が回ってくるので、彼女も意見が言いやすいと感じたのです。彼女の発言による貢献はすばらしかったと思います。順繰りに発言する「行列」の方法をとっていなければ、その発言を聞くことはなく、すばらしい貢献がなされることもなかったでしょう。

（リック・ブリンクマン）

まとめ

◆航空管制官は、「行列」と呼ばれる発言順序を管理する

◆公式の発言順序が決まっていなければ、このような状態になる

・積極的な出席者がお互いに妨害しながら発言を競い合い、相手の発言には耳を傾けない

・消極的な出席者は脱落して沈黙を続ける

◆「行列」の方法は次の3つ

・希望者が手を挙げる、あるいは「バーチャルな挙手」をする

・順繰りに発言する順番を事前に設定する

・全員が発言する順番をランダムに設定する

◆「行列」に並んだ人の発言には必ず時間制限を設ける

◆バーチャル会議や電話会議では、順繰りに発言する方法を用いる

◆パイロットは、あるプロセスにかける時間を増やすために、優先度の低い議題から時間を融通することができる

◆パイロットは、会議のコースを維持し、時間を守るため、ある時点で「行列」を締め切らなければならない

◆顔を合わせた会議では、音による合図を設定するべきである

- 合図の基準：
  音を使うこと
  発言の邪魔になるような大きな音ではないこと
  全員が使いたくなる、使える合図であること
- 電話会議やバーチャル会議では、音による合図は使わない。代わりに、視覚的な合図を使うことができる

9

目に見える記録

私たちは視覚の生き物だ。
あるアイデアの本質をとらえたイメージを扱うときには、
それを記憶するだけではなく、
他の人々がそれを理解し行動する手助けをしているのだ。
それはそもそも、会議の一般的な意義である。

——トム・ウージェック

会議で使うべきもうひとつの視覚装置は、フライト記録のためのものです。その目的は、良いアイデアを逃さないということです。視覚的に記録することで、立体的思考の能力ははるかに強化され、会議に基づく行動を追跡しやすくなります。

視覚によるコミュニケーションの威力

音（言葉）を耳で聞く聴覚コミュニケーションと、目で見る視覚コミュニケーションの違いを調べてみましょう。視覚コミュニケーションには、聴覚コミュニケーションにはない強いパワーがふたつあります。

①長時間持続する
②全体像を見せる

私は、離婚して子どもについて争う夫婦の案件を扱いました。ひとりずつ1時間会ってから、ふたりを一緒にしました。私はこう話しはじめました。「おふたりの意見がかなり一致していることに感銘を受けました」。すると、ふたりはおもしろい反応を見せました。ふたりとも腕組みをし、脚を組んで反り返り、頭がおかしいのではないかといった様子で私を見たのです。

私は言葉を続けました。「間違っていたら教えてください。おふたりはお子さんにトラウマを与えたいですか？　私にはそうは思えませんでした。おふたりのコミュニケーション行動をお子さんに覚えさせ、いつか自分の配偶者に同じことをさせたいですか？　そうは思えませんで

した」

私はホワイトボードのところに行き、こう言いました。「私の理解では、私たちがここにいるのは、デイビッドにとって最も良いことを探すためですよね」。そして大きな文字で「デイビッドにとって最も良いこと」と書きました。その年初めて、重要な共通の目的のために、ふたりは敵対することをやめ、急遽、同盟を組みました。私がその言葉をホワイトボードに書いたのは戦略的な手段でした。視覚化することで、面談中ずっと、ふたりの意識にその概念を留めておきたかったのです。

人間は、一度にたった7つしか（1つ2つの増減はあり）注意を払えないことを、常に忘れないでください。視覚化することで、注意の持続が容易になります。時間が経っても消えないからです。「デイビッドにとって最も良いこと」という文字はそのときだけでなく、5分後も、20分後も残り、面談の最後まで残ります。聴覚コミュニケーションは、口に出した瞬間にしか存在せず、すぐに消えてしまいます！ 視覚の強いパワーのひとつは、長時間持続することなのです。

視覚コミュニケーションが持つもうひとつのパワーは、全体像を見せることです。食事をする店についての話し合いでは、満たすべき基準について考慮するでしょう。そこで、こんなふうに書き出します。

◆1時間以内で出られる
◆帰宅途上にある
◆あまり高価ではない
◆静かでリラックスできる

これらすべてを同時に口にし、耳にすることはできませんが、視覚化すれば、満たしたい条件全部を一括して見ることができます。

会議が聴覚コミュニケーションだけを使って行われ、視覚に訴えるものがない場合、自分の考えが皆にとって重要だと思われれば、それを皆の意識に残すため、私は何度も何度も繰り返します。私の意見に賛成してくれる人もそれを繰り返し、強化してくれるでしょう。しかし、その考えに反対で、別の見方をする人たちは、自分たちの意見を何度も繰り返して皆の意識に訴えるでしょう。会議では、対立する意見が何度も繰り返されることになります。私は30年以上にわたって人間の行動を研究してきましたが、この現象はひんぱんに観察されています。自分の話に耳を貸してもらえない、理解してもらえないと感じると、人はその話を繰り返します。話を繰り返す人は、フィードバックを必要としているのです。自分の言いたいことを理解してもらえたという印がほしいのです。

自分の考えが視覚化されていれば、それは話を聞いてもらえたという印であり、デジタル画

面やフリップに記すだけの価値を認めてもらえたということでもあります。さらに、自分だけではなく他の人もそれを見ているのがわかります。視覚情報は会議の間じゅう残り、聞いてもらえたという感覚を強めてくれます。視覚的なフライト記録があれば、会議中に何度も繰り返す必要はなくなり、かなりの時間を節約できます。

また、議論の要素のすべてを包括的に理解する助けにもなります。ひとりひとりが指摘する要点は、立体パズルのピースのようなものです。各自のピースをつなげれば、皆が立体的思考をできるようになります。参加者は、自分たちがより大きなものの一部であると感じるでしょう。

視覚的な記録によって、充実したメモをとり、効果的なフォローアップに役立てることができます。視覚記録を加えることで、良い会議がさらに高いレベルのものになるでしょう。

フライト記録の視覚装置

この場合の視覚装置は、議題欄やプロセス欄に使うものとは違い、消去できる必要はありません。フリップでも、コンピュータにつないだプロジェクターでもかまいませんが、全員にはっきりと見えるものでないといけません。私は、顔を合わせた会議にも、バーチャル会議にも使える、パワーポイントのスライドを見つけました。ホワイトボードはいっぱいになったら消さなければならないので、適していません。もちろん、ホワイトボードの写真を撮ることはできますが、その場合、データをデジタルの形で書き直してから、会議後に全員に送ることになります。フリップの場合も同様に、ちゃんとしたフォローアップのためには書き直す必要があります。

パワーポイントを使う場合の欠点は、使用中のスライドがいっぱいになると、別のスライドに変えないといけないことです。立体的思考をするためには、議論の要点すべてを全員が同時に見られることが望ましいのです。顔を合わせた会議では、フリップにフライト記録をとるほうが望ましいでしょう。いっぱいになったフリップを壁に貼っていけば、複数のページを一度に見られ、要点を全体的に見わたすことができます。

パワーポイントのスライドを使う場合は、スライドに書き込む要点が増えるたびにフォントを小さくしていきますが、それには限界があります。18ポイント以下になれば、通常は新しいスライドに変える必要があるでしょう。

参加者が50人近い、戦略計画のバーチャル会議の指揮をとったことがあります。議論は長引き、複数のスライドが必要でした。参加者が全体を把握できるよう、私はときどき、前のスライドに戻ってそれを見せながら要点を読み上げ、おさらいをしました。効果は上々でした。

機材や議題の性質によって、視覚装置を選択しましょう。検討するのは次の点です。

◆その会議はバーチャルなものか、顔を合わせたものか

◆顔を合わせた会議なら、その議論は複雑で長く、すべての要素を一度に見ることが重要になるか

◆議論の内容をデジタル化しておくのと、後から変換するのとでは、どちらが効率的か

フライト記録を航空管制と組み合わせる

ときどき、議題欄やプロセス欄、「行列」、フライト記録をひとつにまとめられないかと尋ねられます。それは場合によります。パワーポイントのスライドでは、議題とプロセスをタイトル欄に入れ、フライト記録を箇条書きするようお勧めします。そうすれば、議題とプロセスに意識を集中させることができます。バーチャル会議では、「行列」の順番はあらかじめ決めて、議事計画に書いておくべきです。パイロットは、決まった順番で発言するよう呼びかけます。この場合は、フライトレコーダーが航空管制官の仕事の一部（議題とプロセス）を担当し、パイロットが「行列」を扱うことになります。航空管制官を別途設定する必要はなくなります。

顔を合わせた会議で、希望者による「行列」を使う場合には、ホワイトボードに「行列」を書くほうがいいでしょう。ホワイトボードがあれば、それを議題やプロセスにも使え、フライト記録を残すパワーポイントのスライドにゆとりをもたせることができます。この場合、航空管制官はホワイトボードの議題欄、プロセス欄、「行列」の責任者となり、フライトレコーダーは参加者のアイデアを、プロジェクターにつないだコンピュータやフリップにまとめる役を担うことになります。

正確なフライト記録をとる

たとえば、フライトレコーダー（フリップあるいはコンピュータを使う）の役をイアンが務め、「行列」の先頭にいるジェーンが発言したとします。イアンはジェーンの意見を、できるだけ短く、なおかつ本質をとらえた1、2文にまとめます。ジェーンにはイアンが書いている文章が見えますから、イアンが自分の意見を正確に表現していることを確認できます。イアンの記述が正確であれば、ジェーンは何も言わずに次の発言者に場所を譲ります。取り違えがあったり、もっと付け加えてほしいことがあったりすれば、ジェーンは単にそう告げます。イアンは修正し、付け加えます。ジェーンの意見のまとめ方がわからない場合、イアンはジェーンにどう書けばいいか尋ねます。

これは、記録される内容を全員が見られることの利点です。もしイアンがノートパソコンに記録をとり、ジェーンには書かれた内容が見えないとしたら、イアンがジェーンの意見を誤って解釈したり、重要なポイントを書きもらしたりする可能性が高くなるでしょう。

会議後のフォローアップ

9
目に見える記録

会議の目的は、何か意義あることを達成することです。ですから、会議後に効果的なフォローアップをすることが重要です。

会議後に必要なフォローアップの情報を全員に確実に配布するのは、フライトレコーダーの役目です。フリップに手書きのメモをとっていた場合は、デジタル形式に変換する必要があります。議論やブレインストーミングなどのフライト記録を全部コンピュータに保存してあれば、かなりの部分はすでに達成できています。

会議の参加者には、フライト記録の完全な写しを送るべきです。会議には出席しないが報告を希望した人にも送付しなければなりません。メールの題名は必ず明確にしましょう。たとえば、「全報告書：スタッフ会議、２０１6年6月5日月曜日」のようにします。

特定の議題について行動を起こす責を担う出席者もいるでしょう。たとえば、ある項目が「移転がX部署の士気にどんな影響を与えるか」だったとします。その項目のフォローアップを行う責任者には、その件に特化したメールを別途送るべきです。「士気の影響についてに関するメモ、スタッフ会議、２０１6年6月5日月曜日」といった題名のものです。

これらのメモは完全なフライト記録にも含まれていますが、その項目について行動を起こす必要のある人には、別にメモを送ったほうがいいでしょう。その件をリマインドし、必要な行動に関連する情報を簡単に参照してもらえるからです。

効果的なフォローアップには、説明が必要です。それは組織やチームがそのプロジェクトをどのように追跡するかによって違います。あるグループは、ホワイトボードとプロジェクト追跡ソフトウェアなどの手段を用いています。そしてチーム会議の時間の一部を使って、前回の会議で決めた約束の達成度などを順繰りに報告します。

「ジェット会議法」のプロセスでは、議題欄とプロセス欄を使って、同じものに同時に集中することで、コースを逸脱しないようにします。「行列」を使って発言の競い合いを排除し、全員がリラックスして参加でき、他の発言に耳を傾けられるようにします。フライト記録によって参加者の貢献を認め、視覚的なまとめによって要点を全体的に把握します。すると、魔法のように、いつの間にか全員が立体的思考をしているのです。おまけに、効果的なフォローアップに使えるみごとなメモもできあがっているでしょう。

会議が変わるとき

ひどいエンジニア

かつて勤めていた製造会社では、全社的な会議が開かれていました。会議には常に議事計画があり、それに従っていました。その議事計画のおかげで、会議の終わりにどんな結果が期待されているかが明確になっていました。

会議室に入ると、携帯電話を入れるかごが置いてあります。ノートパソコンも全部シャッ

トダウンしなければなりません。例外は、記録者のノートパソコンだけです。行動項目や重要な意見はホワイトボードに書かれています。遅刻者へのフォローはありません。

議題からそれた項目が出てくると、「駐車場」と呼ばれるフリップに書きとめられ、会議の最後に、それらの項目をどう扱うか決定されます。

ひどいエンジニアはたくさんいましたが、そのプロセスは確かに効果がありました。

（製造会社の人事課長）

まとめ

◆視覚的記録が持つ2つの威力

- 長時間持続する
- コンセプトの全体像を見せる

◆副次効果

- 自分の貢献を認めてもらえたという感覚を与える
- 繰り返しを減らす

◆使用する装置を決める

- バーチャル会議

共用スクリーン
・顔を合わせた会議
フリップ――議論が複雑な場合、要点全部を一度に見せられるようにする
コンピュータにつないだスクリーン

◆フライトレコーダーの責任

・正確にメモをとる
・フォローアップをする
完全な報告書をメールで全員に送付する
フォローアップ行動の責任者には、その項目に特化したメモを別途送付する

10 議論の基準とは

成功の秘訣があるとしたら、それは他人の意見を受け入れ、
自分だけでなくその人の視点で物事を見る能力だ。
——ヘンリー・フォード

クルーの役割紹介と、会議運営についての安全講習が終わりました。次は、プロセス欄に書いたプロセスを見ていきましょう。会議の大きな目標のひとつは、全員が確実にほかの人の意見を知ることですから、明快なコミュニケーションは非常に重要です。そのためには、出席者が目的と基準を理解しなければいけません。

各議題の目的はすでに議事計画に書かれているでしょう。各項目の目的を知ることは、会議できちんと焦点をあてるために必要なレンズのようなものです。もうひとつのレンズは、「基準」という関連要素です。この要素も満たさなければなりません。どんな議論においても、その目的と基準を知らなければ、十分に理解しているとは言えないのです。

コミュニケーションの基準に初めて気づいたときのことは今も覚えています。私は自分のオフィスで、ある夫婦のカウンセリングをしていました。面談の最後に、妻のほうが急に夫に向かって言いました。「ねえ、ローズガーデンに行きましょうよ」

夫の答えは、「行かない」でした。

とてもがっかりした様子の妻に、私は尋ねました。

「ローズガーデンに行く目的はなんですか？　どうして提案したのですか？」

妻は答えました。

「子どもたちのお迎えの時間まであと1時間あるんです。長いこと遠ざかっていた私たちの距離が縮まった気がしたから、一緒に静かな時間を過ごせたらいいと思っただけです」

すると、夫が言いました。

「それはいい考えだね、だけど暑すぎるし、虫がいるよ。ずっと行きたかったカフェはどうだい？」

妻は喜んで言いました。「もちろん！」

彼女は本当にローズガーデンに行きたかったのだと思いますか？　違います。彼女はただ夫と一緒に過ごしたかったのです。それが目的です。ローズガーデンは、その目的をかなえる手段に過ぎません。しかし、どうしてそれを選んだのでしょう？　ふたりきりの夕食や、映画や、クルーズではなかったのはなぜでしょう？　その答えは、「基準」です。子どものお迎えまで1

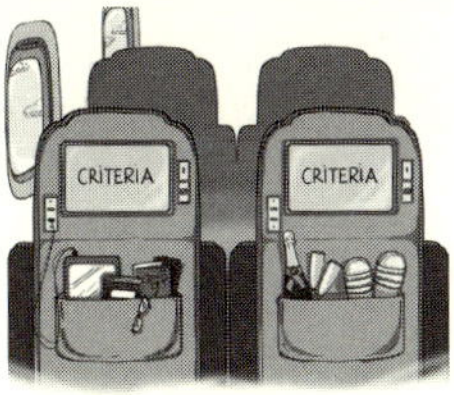

10
議論の基準とは

時間しかなかったので、時間の基準にひっかかったのです。おそらく、そのローズガーデンは帰宅途中にあったのでしょう。ですから、時間だけでなく地理的な基準も満たすことができました。予算の基準もあります。ローズガーデンならお金はかかりません。雰囲気の基準を考えても、そこは感じの良い静かな場所です。ふたりにとって思い出のある場所だったのかもしれませんし、反対に、まったく知らない場所だったのかもしれません。その場合は、ふたり一緒に新しい体験をできるのです。どの要素も、選択の基準となります。

好き嫌いの判断には常に基準があります。ポジティブな基準も、ネガティブな基準もあるでしょう。自分が重要だと考える基準を満たさないアイデアは却下されます。

30年以上にわたるコミュニケーションの研究を通じて私は、人は自分のアイデアは話しますが、目的や基準についてはは伝え合わないことに気づきました。しかし、相手の目的や基準を知るまでは、何も理解はできません。あなたがアイデアを発表するときも、あなたの目的や基準を伝えるまでは、何ひとつ語ったとは言えないのです。

「基準」は、人の考えの理由と内容を示し、その意見を理解する手助けをしてくれます。「フライトレコーダー」の役目は、基準に注意深く耳を傾け、全員に見えるように書きとめることです。アイデアそのものとは別のリストにまとめたほうがいいかもしれません。議論が始まるまではわからないでしょうが、議論が進むにつれて、関連する基準が姿を現してきます。よく聞いて、リストに書き出しましょう。アイデアが実行できなくても、その基準は重要なものであるかもしれません。
コミュニケーションの正しい順序は次のとおりです。

①目的
②基準
③アイデア

たとえば、あるチームがリーダーシップの研修について話し合っているとします。議論は、セミナーの開催場所を決める段階にさしかかっています。このとき、副次的な目的は「研修の効果を最も得られる施設を見つける」ことです。さまざまな候補が提案されました。ここで、「基準」が重要となります。

出席者のひとりは、自社の会議室で行うべきだと言い、ほかのひとりは、ホテルに行くべきだと言います。もうひとりは、リゾート地に行くしかないと主張します。参加者はそれぞれの主張の肩を持ち、議論は堂々巡りを続けました。この問題が全員にとって重要なものであれば、紛争状態にもなりかねない状態です。

しかし、彼らは何について話し合っているのでしょう？　なぜそう思うのかを尋ね、基準をはっきりさせなければいけません。会議室を主張した最初の人に尋ねると、「そうですね、自社

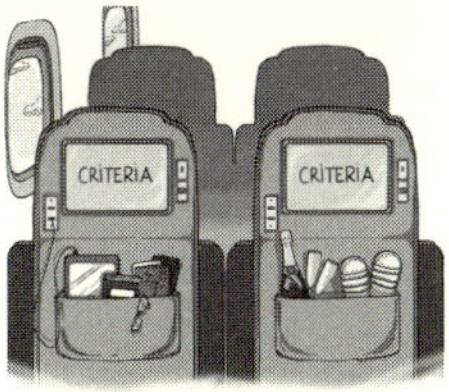

の施設でやれば、費用がかかりませんから」と答えました。この人は、「予算」という基準を気にしていたのです。

ホテルの案を推していた人は、同じ質問にこう答えました。「自分たちの施設でやると、メッセージを送ったり受け取ったりして混乱が生じるでしょう。時間とお金を投資すれば、集中力も高まるはずです」。この人が高い価値を置く基準は、「集中」でした。

3人目の、リゾート地というアイデアを出した人の答えはこうです。「どうせやるなら、数日間、皆で出かけるべきですよ。そうすればチームとして結束できます」。この人が大事にしている基準は、「結束」と「チームワーク」なのです。

全員が必ずしも同じことを語っているわけではないのです。ひとりは「予算」について語り、もうひとりは「集中」、そして3人目は「チームワーク」について語っていました。しかし、意識的に基準を明らかにするまでは、皆が同じことについて語り、対立しているような誤った印象を抱いてしまうのです。

自分の基準を話し、他の人の基準を決める

会議では、基準の重要性を全員が理解していなければなりません。そうすれば、お互いの意見の理由や内容を明快に伝え合うことができ、表に現れていない相手の基準を明確にできるの

です。アイデアというのは単に、決着をつける手段に過ぎません。決着をつけるとは、全体的な目的を達成し、基準のリストを満たすことです。自分の考えを伝えるときには、それによって満たそうとしている基準を特定するようにしましょう。他の人の基準が明らかでなければ、それを尋ねるように勧めましょう。

目的と基準から始める

議論を始める前に、まずやっておくべきなのは、その議論によって何を達成しようとするのかという目的を述べることです。そして、そのために満たさねばならない基準をリスト化します。そうすればかなりの時間を節約できます。

基準リストには優先順位をつけなければいけません。譲歩の余地がある基準もあれば、そうでないものもあります。

たとえば、ある政府機関ではリーダーの引退式をやる予定ですが、そのために納税者のお金を使うわけにはいきません。出席者はランチ代を自分で支払わなければならないでしょう。引退式を精いっぱい楽しみたい場合、ランチの基準には次のものが含まれます。

◆時間（1時間以内）
◆出席者全員を満足させられるようなメニューの豊富さ

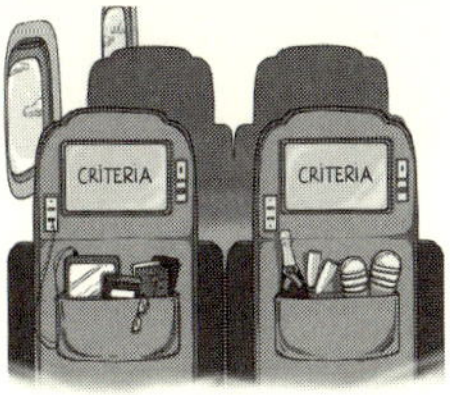

◆ある程度の予算の範囲内

検討の結果、業者にランチを配達してもらえば、時間の問題は解決することがわかりました。しかし、業者を使えば、メニューの選択肢は3つしかなくなり、20パーセントの追加料金がかかります。それはメニューの豊富さと予算の基準を満たしません。業者を使う選択を排除すると、いくつかの副次的な基準がリストに加わりました。

◆時間（1時間以内）
・地理的に近い
・サービスが早い
◆出席者全員を満足させられるようなメニューの豊富さ
◆ある程度の予算の範囲内

アイデアについて賛否を表明するとき、その根拠となるのは各自の基準です。前述した、リーダーシップの訓練場所を決める例では、自社の施設で開く案のポジティブな基準には次のようなものがありました。

◆場所を探す必要がない
◆料金がかからないので費用を節約できる
◆出席者に緊急の要件が発生したとき、容易に見つけることができる

この案を気に入らない出席者に尋ねると、次のような基準が判明しました。

◆不必要な混乱が生じる可能性がある。部外者が首を突っ込んで成り行きを眺めるかもしれない
◆出席者が休憩時間にメッセージをチェックしに行き、戻ってくるのが遅れるかもしれない
◆いわゆる緊急事態が起きたとき、たとえその問題が他の人によって簡単に処理できるものであっても、出席者が呼び出されることになる。そんなに簡単に呼び出せる状態でなくても、問題は処理できるだろう

基準としての役割

そのうち、参加者の中には、特定の基準ばかりに集中する人がいることに気づくでしょう。たとえば、ある人はいつも予算に注意し、別の人はいつも道徳的な意味を気にします。

そういった人たちは、チームにとって頼れる存在となります。彼らの気になる基準に関して、

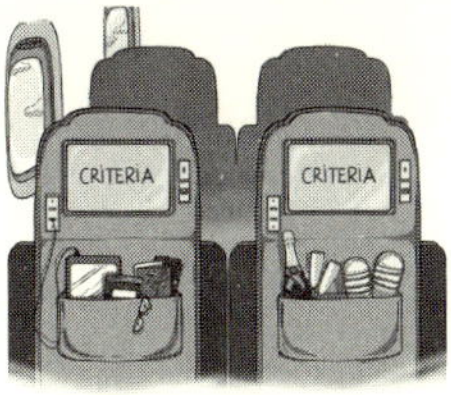

確実に注意を払ってくれるわけですから。

基準を聞き出す方法

基準を聞き出す魔法の言葉があります。「その発言の理由は？」「どうすればそれを達成できますか？」。各自の基準を聞き出すのが早ければ早いほど、最高の解決法が導かれるでしょう。

たとえば、ある会社が従業員に悪い知らせを伝えなければいけないとします。不況のため、今後は自分の健康保険料を支払わなければならなくなるという知らせです。管理職は全員、従業員の士気が下がることを心配していました。彼らをなるべく動揺させないということで、管理職の目的は一致しました。しかし、どの方法がベストかという点では意見が一致しませんでした。全社的な会議で扱うのが良いという人もいれば、小さな規模のグループミーティングで伝えたほうが良いと主張する人もいました。議論は紛糾しはじめ、管理職は2つの陣営に分かれました。

その会社でリーダーシップ研修の1日プログラムを開いていた私は、この問題の手助けを頼まれました。彼らはこの問題を扱う2時間の議事計画を立てていましたが、私はそれほどかからないと思い、実際そのとおりでした。私は単純に、何を達成したいか、何を避けたいかを順番に尋ね、彼らが肯定したい、あるいは否定したい重要な基準を聞き出したのです。それは次のとおりでした。

◆大規模な会議の支持者が肯定したい基準
・同時に、正確に同じ方法で全員に伝達すること

◆大規模な会議の支持者が否定したい基準
・小規模な会議で伝達すれば、何日もかかる。間違った噂が広まり、誇張された誤った情報が間接的に伝えられることになる
・全グループに16回もプレゼンテーションすることになれば、同じプレゼンテーションではなくなってしまう。同じ情報を伝達できないだろう

◆小規模な会議の支持者が肯定したい基準
・保険金とそれによって受ける財政的影響について、従業員はすぐに質問するだろう。小さなグループなら、管理職はすぐに具体的な情報を各自に伝えられる

◆小規模な会議の支持者が否定したい基準
・この知らせを一度に知らせても、それによって財政的にどんな影響を受けるかを伝える

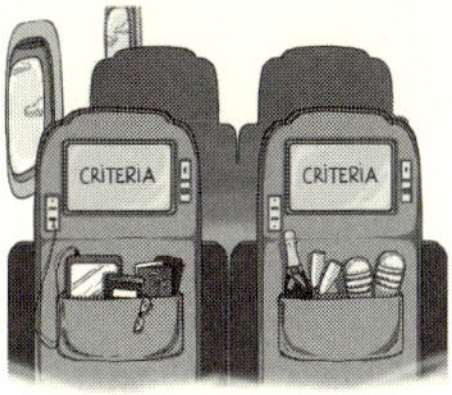

には何日もかかるだろう。従業員を何日も心配させることになってしまう

これらを統合すれば、両方の陣営が肯定したい基準は次のようになります。

- 同時に、正確に同じ方法で全員に伝達したい
- 保険料とこの変更によって各自が受ける影響について、すぐに質問に答えたい

彼らが避けたい否定的な基準は次のようになります。

- 伝達に何日もかけて、その間従業員を心配させること
- 噂を聞いて従業員が誤った情報を受け取ること
- 公式な発表を何度も行ううちにその内容が変わってしまうこと

すべての基準を視覚化すれば、立体的思考ができるようになり、答えは明らかになります。重役たちは、全従業員に一度に伝えることにしました。そうすれば、管理職から同時に、同じ方法で、同じ内容を全員に伝達できます。そしてすぐにグループ分けして、各自の財政的質問に答えられるよう、個人情報を持った担当者をグループごとに割り当てるのです。

この方法に全員の意見が一致するまで、20分しかかかりませんでした。「ジェット会議法」のプロセスを使い、肯定的な基準と否定的な基準を全部洗い出すことで、明解な答えを得ることができたのです。肯定的な基準をすべて満たし、否定的な基準を最小にするような解決法です。満足させたい肯定的基準と、避けたい否定的基準をまずリスト化してから、最初の議論を始めていれば、もっと効率的に解決できていたでしょう。

会議が変わるとき

相互援助協定

１９９０年代の初め、私はマリン郡消防長会会議の世話役をしていました。会議では、郡に22カ所ある消防署の相互援助協定の改訂について話し合われていました。それ以前は、協定は非公式なもので、書面化されていませんでした。また、その協定にはさまざまな解釈がありました。

私たちは会議の場所として、快適で自由な雰囲気の、ホワイトボードと、フリップをたくさん貼れる壁のある部屋を選びました。気楽な感じでありながら、適切な利便性を備えています。郡の火災予防の発展のために集まって助け合うのですから、お互いの協調と理解の精神を盛り上げたかったのです。

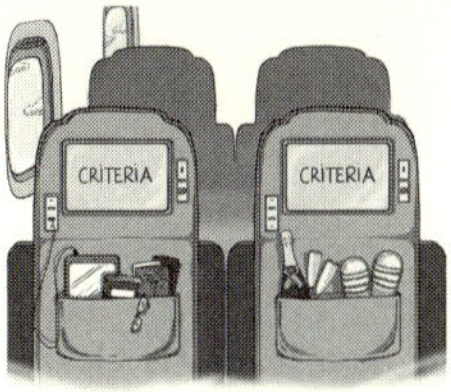

私は世話役として、皆のコンセプトは同じですが、細かい意見には相違があることに気づきました。大切なのは、人々を快適な気分にさせ、お互いの意見の違いを率直に話してもらうことです。問題は客観視しなければなりません。

意見が分かれるたびに、全員に発言の機会があるよう気をつけ、各自の発言をフリップにまとめました。基本的なルールのひとつは、自分の考えを正直に話してもらうことです。問題ごとに、まず賛成意見を、そして反対意見をすべてリストアップしました。

全員に図表を見せ、すべての要素を見てもらうことで、議論は客観的なものとなりました。さらに、会議前よりも、大きな全体像を把握してもらうことができました。そのおかげで、相互援助についてシンプルで理性的な協定が結ばれました。その協定は今も有効で、時代の変化とともに進化しながら、毎年改善されています。（会議世話役の消防長）

まとめ

【グループとして】

◆議論の初めに目的を述べ、関連する基準のリストを作る

◆議論の途中で他の基準が現れたら、基準リストに付け加える。リストは常に全員に見えているようにする

◆議論前に基準がわかっていなければ、議論中の発言をもとに基準リストを作る

【個人として】

◆まず自分の目的を述べる

◆アイデアを示すときには、自分の考えと、その提案に関する重要な基準（理由）の概略を説明する

◆常に複数の選択肢を提供する。選択肢ごとにその肯定的基準と否定的基準を明らかにしてから推薦する。発表では、自分がほかの選択肢を選ばなかった理由も述べると、他の人に考え方を理解してもらいやすい

◆アイデアや意見を交換するとき、相手の目的や基準がわからなければ、完全に理解できたとは言えない。きちんと質問をしてそれらを明確にすること

11 会議の進行

あることができないと言う人は、
それを実行する人の邪魔をしてはいけない。

——中国のことわざ

会議で使われるプロセスは8種類あります。どの会議でも全部が使われるわけではありません。各議題の目的によって、用いるプロセスは変わります。しかし、いくつかのプロセスは通常、一緒に、あるいは続けて使われます。

では、8種類のプロセスを見ていきましょう。

①ブレインストーミング
②マッチング
③ミスマッチング

④議論
⑤プレゼンテーション
⑥質疑応答（Q＆A）
⑦評価、採決、意思決定
⑧フォローアップ

すでに見てきたように、集中した雰囲気の会議にするには、全員が同じプロセスを用いて同じ議題に集中していなければなりません。そのために、消去できる視覚装置を使って、議題欄とプロセス欄を表示させるのです。一度に使うプロセスはひとつだけですから、プロセス欄には常にひとつだけ表示されるようにしましょう。例外はプレゼンテーションと質疑応答ですが、その件についてはこの後すぐに検討しましょう。さらに、すべてのプロセスには必ず時間枠を設け、それもプロセス欄に書き込んでおきます。

アイデアを生み、分析するために使われるプロセスは通常、ブレインストーミング、マッチング、ミスマッチング、評価、議論の５種類です。

ブレインストーミング

ブレインストーミングでは、参加者は何の制約も受けずに自由にアイデアを出し、他の人のアイデアにコメントします。参加者は考えを口に出し、できるだけ多くのアイデアを提案するよう奨励されます。どんなに奇想天外なアイデアであってもかまいません。その目的は、創造的なアイデアや解決方法を生み出すことです。ブレインストーミングのあとで、出されたアイデアは分析され、参加者の「基準」が引き出されます。

私のセミナーのひとつで、ヘルスケアの専門会社のために、斬新な顧客サービスのアイデアを出す演習をしたことがあります。ひとりがこう言いました。「待合室にお風呂がほしいです」

その基準を聞き出すため、私たちは尋ねました。「どうして？　何の役に立つのですか？」

彼は答えました。「待ち時間を、リラックスして過ごせるからです」

別のひとりが提案しました。「私が通っているカイロプラクティックのクリニックには、リラクゼーションルームがあります。照明は抑えられ、快適なラウンジチェアが置かれていて、自然の音を使った落ち着ける音楽が静かに流れています。自分の順番が来たときにはがっかりするくらいですよ」

斬新なアイデアの背後には、貴重な基準が隠れています。その基準は、別の方法で満たすことができるのです。いつもアイデアを掘り下げて、その基準を明らかにしましょう。

マッチングとミスマッチング

マッチングとは、参加者が現在のアイデアの好ましい点（マッチする点）だけを述べることです。ミスマッチングとは、参加者が現在のアイデアに対して好ましくない点（ミスマッチな点）だけを述べることです。アイデアの分析には両方の方法を使いますが、必ず別々に行うようにしましょう。これは非常に重要なことです。このふたつを分けることで、参加者の先入観をなくし、自然な状態にすることができます。

チームとして、最初にマッチングをして好ましい点を集め、そのプロセスが終わったらミスマッチングに取りかかり、好ましくない点を集めます。もし、マッチする点とミスマッチな点を全員に順番に言ってもらうようにしたら、彼らは自分の意見に沿ったものしか言わないでしょう。形式の定まっていない会議では、マッチングとミスマッチングが同時に行われることが多いものです。ある人が好ましい点をあげ、それに答えて別の人が「そうですね、でも……」と好ましくない点をあげるといった具合です。

基本的には、マッチングを先に行うことをお勧めします。そのアイデアの好ましい点をすべて認識してから、そのアイデアを実現するための基準として、見方を変えたミスマッチングを行います。

マッチングとミスマッチングの記録方法は2種類あります。列を使うものと、アウトラインを使うものです。フリップを使う場合は、一番上にそのアイデアを書き、真ん中に縦線を引きます。左側の列に好ましい点を書き、右側の列に好ましくない点を書きます。視覚装置として、モニターをつないだコンピュータを使う場合は、アウトラインのプログラムを使うことをお勧めします。そのアイデアを表す題名をつけ、マッチングとミスマッチングを示す副題をつけます。この場合も、マッチングとミスマッチングを同時にやってはいけません。争いを引き起こすだけです。

評価

マッチングとミスマッチングのプロセスが終われば、それぞれの優先順位に基づいてアイデアを評価するといいでしょう。あるアイデアでは、マッチする点が3つしかなく、ミスマッチの点が8つあるとします。しかし、その3つのマッチ点の重要性は、8つのミスマッチ点をはるかに上回っています。その場合は、8つのミスマッチ点についてさらに検討してみましょう。関係のないものかもしれません。

まったく逆のケースもあります。マッチ点は8つありますが、たったひとつのミスマッチ点がかなり大きいのです。たとえば「連邦規定に違反する」などです。この場合は、達成すべき目的を見直して、「基準」のリストに「連邦規定の遵守」を含めてから、ブレインストーミングに戻りましょう。

すべてのマッチ点とミスマッチ点の優先順位をつけ終えたら、議論に移ります。肯定的な要素と否定的な要素の全体像が把握できたのですから、次は全員の意見を聞かねばなりません。

コースをそれないよう、順に発言させる

ブレインストーミング、マッチング、ミスマッチングのプロセスでは、希望者の「行列」は使わないでください。皆が順繰りに発言する方法を使い、そのときどきのプロセスに応じて全員にアイデアやマッチ点、ミスマッチ点を出してもらいましょう。一般的には、思いつきを出し合うだけのブレインストーミングでは、「フライトレコーダー」の役割の人が追いつけなくなることがあるでしょう。自分の順番が回ってきても、アイデアを出さずにパスすることはできます。そのプロセスに設定された制限時間になるか、付け加えるアイデアが尽きるまで続けましょう。

バーチャル会議では常に、希望者の「行列」よりも、順繰りに発言する「行列」を使うほうが好ましいでしょう。電話だけを使った会議では、あらかじめ発言の順番を決めておきましょう。ただし、アイデアの分析の際には、電話会議はお勧めしません。視覚に頼れないため、す

べての要素を一度に見渡すことができないからです。

会議の出席者が20人以上いて、時間が限られている場合は、順番が来たときに2つ以上のアイデアを出してもいいことにしましょう。

プレゼンテーション

プレゼンテーションのプロセスでは、アイデアや提案、報告を、遮られたり質問されたりすることなく、皆に説明します。パワーポイントなど、視覚に訴えるものがあれば役に立つでしょう。しかし、ただパワーポイントを読み上げるだけではいけません。スライドには、事実や図、重要なアイデアを含めるようにします。

質疑応答

このプロセスは通常、プレゼンテーションの後に行われますが、プレゼンテーションの間にはさんでもかまいません。これは、プロセス欄に2つのプロセスが入る唯一の状況です。

別々にしたほうが時間の節約になります。プレゼンテーションそのものが、その質問事項の回答となることがあるからです。その場合は、質疑応答を後に回しましょう。しかし、統合することの利点もあります。皆の理解に必要な事実や仮定が抜けていた場合、タイミングのいい質問によってそれが明らかになるからです。

議論

会議における最も重要な交流のひとつです。議論のプロセスで、参加者は特定の議題について自分の考えや意見を提供しますが、そのとき、重要な「基準」が新たに明らかになることが多いのです。「行列」の順番の前には、厳格な時間制限を設けます。議論のプロセスにあてる全体的な時間枠を決めるときには、次の点に注意しましょう。

◆その議題の性質（解決すべき意見の相違を含む議題か、全員が何かを発言したがる議題か、あるいは誰も発言したがらない、人気のない議題なのか）
◆出席者の数（出席者の数に応じて、右の要素を考慮する）
◆予想される発言の数
◆使える時間（お互いの意見に答えられるように、「行列」の順番が複数回ってくるだけの時間を設定する）

この段階の議事計画の作成には、現実的な時間の感覚が役に立ちます。さもなければ失敗してしまうでしょう。実際の議論にかかった時間と、必要な追加時間のメモをいつもとっておくようにしましょう。

評価、採決、意思決定

「評価」とは、皆がリストの項目の優先順位を決めるときです。マッチングやミスマッチングの間に、あるいはブレインストーミングや議論の間に集まった「基準」のリストを評価することもあります。

たとえば、フリップに書かれた基準リストの優先順位を決めたい場合には、そのリストのコピーをとり、各自にそれぞれ1～5点の評価を与えてもらいます。1が最低の、5が最高の重要度を示します。それから部屋を回って、皆の評価点をそれぞれの基準の横に書きとめます。評価点の数を合計すれば、優先順位が決定されます。

採決には、議論された議題についての意思決定が含まれます。

決定方法は、その組織の体制や制度によって違います。皆の意見を受けて、管理者ひとりが決定することもありますし、重役会議などのように、投票で結論を決定することもあります。

フォローアップ

フライトレコーダーの担当者は、フォローアップにおいて、3つの責任を負います。まず、フライトレコーダーあるいはパイロット（役割を統合している場合）は、各議題の最後に、次の項目をまとめます。

◆議論の内容
◆決議
◆次のステップ
◆次のステップの担当者
◆次のステップの時期

次にフライトレコーダーは、完全な報告書を全参加者と役に立つ人、知らせる必要がある人に送ります。それから、特定の行動や約束とそれに関連するメモを、それらを実行する担当者に送ります。全体の報告書とは別のメールで、わかりやすい題名をつけて送りましょう。

会議が変わるとき

志願のゲーム

その会議では、誰も役員を引き受けたがりませんでした。「誰か興味のある方はいませんか」と尋ねても、何の返事もありません。そこで、いつも名乗り出るメンバー数名が志願しました。数年後、常に志願してきたメンバーは、もっと持続するリーダーシップ育成モデルを築かねばならないことを悟りました。

私は、どうしても役が決まらない場合はサイコロを転がして決め、すでにその役を経験した者は選出対象から排除することを提案しました。その役の未経験者に1から6の番号を割り振り、サイコロを振って会計、書記などのポジションを決めることになります。この議事計画の作成では、ユーモアをこめて、次のように書きました。

◆議題：役員選出
◆時間：10時49分から永遠（終了まで誰も帰れません）
◆目的：次期会長、副会長、書記、会計の決定
◆プロセス：

- 議論
- 推薦
- 机の下に隠れようとする
- 突然トイレに走る必要が生じる
- 重要な電話がかかってきたふりをする
- 「悲哀」を経験する
- 避けがたいことを受容する
- 歯を食いしばって頑張る

この案はうまくいき、私たちはサイコロをふらなくてもすみました。
（ボランティア作業役員の元会長）

まとめ

◆会議で使われる8種類のプロセス

①ブレインストーミング
②マッチング

③ミスマッチング
④議論
⑤プレゼンテーション
⑥質疑応答（Q＆A）
⑦評価、採決、意思決定
⑧フォローアップ

12 バーチャル会議と電話会議

私はふたつの場所に存在する。ここと、あなたのいる場所と。
――マーガレット・アトウッド（カナダの作家、詩人）

現代社会では、ビジネス会議は地理的な条件に縛られてはいません。多くの組織で、電話会議やバーチャル会議が標準的な手段となっています。ここで言う「電話会議」は、電話だけを使った会議を指し、共通して見られる画面はありません。「バーチャル会議」は、オンライン会議ソフト（たとえばGoToMeeting、WebEx、Adobe Connectなど）を使ったものを指します。

顔を合わせる会議にも難しい点はありますが、遠隔会議の場合は独特の問題が発生します。バーチャル会議については他の章でも語ってきましたが、本章ではそれらをまとめて取り上げます。電話会議とバーチャル会議を成功させるステップは、次のとおりです。

12
バーチャル会議と電話会議

電話会議か、バーチャル会議か

ここまでの章で、視覚的な記録が立体的思考を生み出す力については理解していただけたと思います。その会議で達成したい目的について注意深く考えることが、会議の形式を決定するいちばんの要素でしょう。

複雑な問題のブレインストーミングや、マッチング、ミスマッチング、議論の際には、全員が見られる共通のスクリーンに視覚的な記録を表示しなければなりません。参加者の環境の問題でコンピュータが使えない場合は、スマートフォンにバーチャル会議のアプリを入れて参加すれば、スクリーンを見ることができます。もちろん、運転中だったり、ネットや携帯電話の接続ができなかったりするときは無理ですが。そういった環境については、会議の準備段階で事前に考慮しておきましょう。

ただし、議事計画が情報についての修正や周知、交流を扱っている場合は、電話会議でもかまいません。たとえば、専務取締役、社長、副社長で構成されたある執行委員会は、週に一度、15分から30分の電話会議を開き、その日の業務について話し合っています。その目的を果たすには、グループ通話で十分です。しかし、資金調達についてのブレインストーミングを全役員で行うには、共用のスクリーンの力が必要でした。

遠隔会議の計画があるなら、まず、「何を達成したいのか」を考えてください。そして「会議の参加者に必要な機材は何か」を考え、適切な形式を選び、全出席者にそれを伝えましょう。

電話／ログインの待機時間を設定する

電話会議やバーチャル会議では、電話をかけ、あるいはログインして待機する時間を設定することが重要です。会議の開始時間だけを設定した場合、遅れて参加する者が発生するでしょう。バーチャル会議では、ログイン情報が書かれたメールを見つけられなかったり、コンピュータの不具合で再起動が必要になったりするかもしれません。電話会議では、参加者がぎりぎりのタイミングで電話をかけることが多いでしょう。そこでもし、メールや同僚の邪魔が入ったら、たとえ1、2分であっても、遅れてしまうことになります。

会議の開始時刻に全員が準備を整えて参加できるよう、電話をかける、あるいはログインする時刻を、会議の開始時刻の4、5分前の時間に設定しておきましょう。

イレギュラーな時刻を設定する

たとえば、「ログイン時間は午前8時53分から8時57分の間。会議開始は9時2分きっかり」というように設定します。中途半端な時間は記憶に残りやすいのです。「ええと、8時45分には

建物のあのへんにいるだろう。自分のパソコンのそばに行くまで、3分かかる」と、参加者に時間の計算をさせることにもなります。その結果、参加者が定刻に電話をかけ、ログインする可能性が高くなるのです。さらに各議題にも、イレギュラーな時間を設定するようにしてください（例：「9時2分から9時17分まで、新しい方針についての質疑」）。それによって、時間を意識し、大事にしていることが参加者に伝わるでしょう。

何があっても定刻に開始する

すでに何度も述べたことですが、重要なことですので、ここでも繰り返しておきます。必ず、定刻に開始しましょう。さもなければ、遅刻しても大丈夫だと思わせてしまいます。もっといいのは、遅刻者を閉め出してしまうことです。それを1、2度繰り返さないと、決められた予定には必ず従うというメッセージが全員に伝わらないかもしれません。担当者が参加しないことで被害を受ける議題があるかもしれませんが、いずれは参加者全員が理解し、定刻に参加するようになってくれるでしょう。参加者の定数を満たす必要があり、遅刻者にも会議に参加させねばならない場合は、定刻に開始したうえで、採決の必要のない議題から始めましょう。

会議の初めには多少の騒音を認める

参加者全員に同時に挨拶をしてもらってから、全員の消音設定をしましょう（あるいは各自で消音設定してもらいましょう)。そうすることで、バーチャルな会議室に全員がいるような感覚を与え、参加者に一体感を持たせることができます。

消音の方法とタイミングを知らせておく

それは当たり前のことのように思えるでしょう。しかし、会議中に犬の吠える声や、鍋のぶつかる音、水の流れる音などが聞こえたことはありませんか？　バーチャル会議のソフトウェアで消音する方法をあらかじめ知らせておきましょう。自分の発言が終わったら各自で消音してもらい、もし忘れていれば注意しましょう。電話会議でも、発言が終われば電話の消音機能を使ってもらいます。

誰かが消音を忘れていたら、バーチャル会議のソフトウェアを操作している管理者は、その人の代わりにためらうことなく消音しましょう。電話会議の場合は、全員が副操縦士となって、各自が消音するよう頼むようにします。

議事計画を作成する

会議を成功させるには、フライトプラン、つまり議事計画が必要です。電話のみを使うややくだけた会議では、冒頭で簡便な議事計画を作成しましょう。たとえば、３名の執行委員会で

行う電話会議で真っ先にやらなければいけないのは、電話中に扱わなければならない項目をひとりずつ挙げてもらい、その順番を決めることです。

もっと正式で複雑な会議では、会議の数日前に議事計画のコピーを参加者全員に送付し、各自の目の前に置いてもらいます。共用のスクリーンに表示することもできますが、議題についての記録が始まれば、そちらが代わって表示されることになります。

4章「議事計画の技術」で述べたすべての要素が、ここでも適用されます。議事計画は現実的な時間枠とともに作成しなければなりません。そうすれば、項目を短縮することなく、会議を定刻に終わらせることができます。

順に発言させる

電話会議の欠点は、発言や質問をしたい参加者の挙手が見えないことです。バーチャル会議では、発言が重なったり、お互いに遠慮して何も話さなかったりすることがひんぱんに起こります。確実に全員が発言できるよう、議事計画には発言の順番を盛り込んでおきましょう。くだけた会議では、順繰りに発言する順番を最初に定めるといいでしょう。できれば、バーチャルな会議室を回って参加者全員に発言の機会を与えましょう。順番が回ってきた参加者は、発言してもいいし、パスしてもかまいません。後に回してほしいと言ってもいいのです。

電話のスピーカー機能を使って、顔を合わせた会議と電話会議を組み合わせている場合には、電話の向こうにいる参加者から先に発言してもらいましょう。そのほうが、早く一体感を持ってもらえるはずです。

会議中に他の作業をさせない

電話会議やバーチャル会議の問題点は、参加者が会議中に他のことをしてしまいがちだということです。他の作業をしている人は、自分では会議に注意を払っているつもりでも、実際には気が散っています。会議中には他の作業をしないよう、事前に合意しておきましょう。同時に2つの作業をする人は、時間を効率的に使っているつもりですが、複数の作業をせず、会議に集中したほうが早く終わるということを出席者に周知しましょう。

会議中にさらに責任を喚起するため、順繰りの発言順を使わず、ランダムな順番を使うこともできます。全員に必ず発言の機会を与えるのですが、決まった順番は使わないということです。自分の番が来たときのために、全員が準備をしておかなければなりません。バーチャル会議では、ウェブカメラをオンにしておきます。そうすれば、集中力をさらに持続させることができるでしょう。参加者が感じる臨場感や一体感も大きく変わるはずです。

フライト記録を使う

複雑な問題を扱うときには、共通のスクリーンで皆にフライト記録を見てもらいましょう。しかし、くだけた感じの電話会議で、共通のスクリーンがなくても、フライト記録は使わなければなりません。行動を伴うフォローアップについての参加者の同意を記録し、電話のあとには完全な報告書を全員に送付しなければなりません。

共用スクリーンがない場合のフライト記録

何らかの理由があって共通のスクリーンは使えないけれども、視覚的な全体像は重要である場合は、発言ごとに、フライトレコーダーが書きとめたメモを読み上げ、発言者の確認をとりましょう。議論で指摘された要点を全員が全体的に見られるようにするには、出席者の目の前にそれが置かれている必要があります。つまり、フライトレコーダーが確認した言葉を、他の出席者全員も書きとめなければいけません。そうすれば、全員が同じ全体像を生み出すことができます。これは窮余の策として役立ちますが、できれば共通のスクリーンを使いましょう。

消音を解除し、別れの挨拶をする

会議の最後には、全員の消音を解除し、お互いに別れを告げてもらいます。このときも、多少の騒々しさのおかげで、参加者の一体感が生まれるでしょう。

基本のフォローアップ

電話会議やバーチャル会議のあとで、フライトレコーダーは全参加者に報告書をメールで送ります。会議が長く、議題が多岐にわたる場合は、報告書をいくつかに分け、それぞれのメールの題名を明確に分類して送付しましょう。そうすれば、会議後のフォローアップ活動を促すことができますし、必要なときに報告書を探すのが楽になります。

ここまでに述べたヒントを活用し、よく考えぬいた議事計画を作成することで、電話会議やバーチャル会議を定刻に終わらせることができ、参加者に感銘を与えられるでしょう。会議が永遠に続くものではないことに気づけば、皆はもっと熱心に参加してくれるでしょう。そして、以降の電話会議やバーチャル会議には、さらに準備を整え、積極的に参加してくれるはずです。

会議が変わるとき

退屈な発言

私がこの会社に初めて加わったとき、100人近い規模のビデオ会議が開かれていました。会議の参加者はアメリカ、ヨーロッパ、オーストラリア、スカンジナビア、香港、アフリカと、世界中に散らばっていました。そのときは、ロンドンの共同経営者のひとりが、とても退屈な話をしていました。オーストラリアの参加者はネクタイを取って、首をつる真似をしました。たぶん、彼の画面にはロンドンしか映っていなかったので、私たちに自分の姿が見えているとは思わなかったのでしょう。世界じゅうの参加者が笑いました。共同経営者にも見えていたはずですが、彼は何も言わずに、ひたすら話を続けました。

（世界的なコンサルタント会社、グローバル・インサイトの代表）

まとめ

◆電話会議か、バーチャル会議か

- 達成したい目的を明確にする
- バーチャル会議の場合：共通のスクリーンを設定する。複雑な問題のブレインストーミング、マッチング、ミスマッチング、議論の際には、フライト記録を表示する
- 電話会議の場合：議事計画が情報についての修正や周知、交流を扱っている場合は、声だけの電話会議でもかまわない。しかし、「フライトレコーダー」はメモをとり、あとで

全員に送付しなければならない

◆電話／ログインは、会議開始時刻の4～5分前と決める

・イレギュラーな時刻を選ぶ（ログインは午前8時53分から8時57分の間、など）

◆会議は定刻に開始する

・参加者の定数を満たす必要があるなら、採決が不要な議題から始める

◆会議の初めには多少の騒音を認める

◆全員に消音設定の方法と設定すべき時を知らせておく

◆議事計画を参加者全員に送付しておき、共用のスクリーンに表示する

・くだけた電話会議では、冒頭で議事計画を作成する

◆順番に発言させる

◆会議中に他の作業をさせない

・責任を喚起するため、ランダムな順番を使う

・責任を持たせるため、ウェブカメラをオンにしておく

◆フライト記録を使う

◆会議後にフォローアップを行う

◆会議の最後に、全員の消音を解除し、お互いに別れを告げてもらう

13 会議の「困った人」が変わるとき

1オンスの予防薬には、1ポンドの治療薬の値打ちがある。
――ベンジャミン・フランクリン

1章で紹介した問題行動を覚えていますか？「ジェット会議法」を理解した今、あの問題行動をどうやって防ぐか、考えてみましょう。

「協調領域」にいるときは、4つの基本的な目的があります。「終わらせる」「きちんとやる」「仲良くやる」「認めてもらう」の4つです。

「終わらせる」モードの人は、会議が定刻に始まり定刻に終わる「ジェット会議法」がお気に入りです。各議題には守らなければならない時間枠もあります。混乱は排除され、皆は仕事に集中し、コースをそれることはありません。議題は8種類のプロセスを用いて整然とこなされ、フォローアップの行動が続きます。参加者の貢献は目に見える形で記録されますから、同じ発言が繰り返されることもありません。皆が立体的思考にたどりつき、議論は完結し、結論は延期されることなくきちんと出され、すべてにかたがつきます。会議は常に制御されています。

「きちんとやる」モードの人も、会議が定刻に始まり定刻に終わる「ジェット会議法」がお気に入りです。各議題は詳細に扱われ、マッチングとミスマッチングのプロセスによって参加者の「基準」が明らかにされます。アイデアは十分に議論され、細目や意見は記録されます。そして各参加者には、メールで報告が送られます。議論とフライト記録が完成しているので、「きちんとやる」モードの人は、詳細が網羅され、正しい決議がなされたことに満足します。

「仲良くやる」モードの人もまた、会議が定刻に始まり定刻に終わる「ジェット会議法」がお気に入りです。そこには対立はありません。積極的すぎる人が支配的になることもありません。全員が同時に同じプロセスを使って同じ議題に集中しているので、皆はひとつの幸福なチームとなっています。争いも、無礼も、積極的すぎる行動もありません。全員の意見が考慮されるので、意見を分かち合いたくなります。全員がうまくやっていける、いい方法なのです。

「認めてもらう」モードの人も、会議が定刻に始まり定刻に終わる「ジェット会議法」がお気に入りです。「行列」が発言の競争を排除してくれるので、皆がお互いの意見に十分な関心を払います。このモードの人は、関心を引くのが好きなのです。全員の貢献はフライトレコーダーによって、目に見える形で記録されますから、自分の発言の要点がきちんと認められたことが

わかります。自分を抑えて「行列」で順番を待つのが最初はつらいかもしれませんが、十分な関心と目に見える形での承認が、たっぷりとその埋め合わせをしてくれます。

ひとつ、重要なことがあります。会議が定刻に始まり定刻に終われば、「理解のレンズ」のどの領域にいても、全員がそのプロセスを気に入るということです。

「ジェット会議法」のプロセスは、「終わらせる」「きちんとやる」「仲良くやる」「認めてもらう」という4つの目的すべてに対処できますので、参加者が「協調領域」を離れる必要は生じません。では、このプロセスが「危険領域」の行動の危険をどうやって消し去るのかを見ていきましょう。

〈戦車〉タイプ

〈戦車〉の攻撃的な行動は、「早く終わらせたい」「支配したい」という欲求から生じます。事態を制御できないと感じたとき、〈戦車〉は戒厳令を布告します。しかし、「ジェット会議法」のプロセスは統制がとれていて効率的なので、脱線や的外れのコメント、繰り返しなどはありませんし、喋りすぎる人もいません。全員が議題に集中し、断固としています。〈戦車〉は、すべてが制御できていると感じます。そしていずれは、このプロセスの優秀な担い手のひとりとなっていくのです。

〈狙撃手〉タイプ

会議で発言するには「行列」に並ばなければいけませんから、このプロセスには〈狙撃手〉がコメント（悪意があるものでも、単なるジョークでも）を発する余地はありません。

考えてみてください。皮肉なコメントをするためだけに、「行列」に並ぶ人がいるでしょうか？　そうとは思えませんが、仮にいたとしても、一度しかできないでしょう。そのコメントが議題やプロセスと何の関係もないことを、パイロットがすぐに指摘するでしょうから。プロセスの秩序は、どんな形の狙撃も受け入れません。

〈博識家〉タイプ

会議における〈博識家〉の問題行動は、ひたすら自分の話に没頭し、他の人を閉め出してしまうことです。けれども、「行列」の時間には制限がありますから、〈博識家〉を止めることができます。〈博識家〉は自分の話の内容をわきまえているので、時間の制限を受ければ、要点だけを話すようになります。議題とプロセスに集中することで、会議にも貢献しやすくなるでしょう。〈博識家〉にはある程度の自尊心もあります。フライトレコーダーが〈博識家〉の貢献を把握して、皆に見える形にしてくれれば、その自尊心を満足させることができるのです。

〈知ったかぶり〉タイプ

このタイプも自分の話を聞いているのが好きですが、やはり「行列」の時間制限のおかげで、話を止めることができます。また、あいまいで確証のない主張や一般論をフリップにまとめるのは難しいものです。そこで〈知ったかぶり〉は、何か価値あるものに貢献するか、口をつぐむかしかなくなります。さもなければ、その行動は皆に筒抜けになってしまいますが、〈知ったかぶり〉は、皆にどう思われるかを気にしているので、それを嫌います。口にしたことをフライトレコーダーが目に見える形で記録してくれれば、〈知ったかぶり〉の自尊心も満足させられます。

〈手榴弾〉タイプ

この行動は昔ながらのかんしゃくの爆発であり、「認めてもらいたい」「関心を引きたい」という気持ちから発生します。ですから、〈手榴弾〉タイプが、お互いに関心と承認を与え合うプロセスの間に爆発することはほとんどありません。このプロセスでは発言を競い合うこともありませんから、全員が純粋に他の人の発言に関心を抱きます。出席者の貢献は、フライトレコーダーによって全員の目に見える形で記録され、認められたという感覚を与えてくれます。〈手榴弾〉の爆発は複数の問題が積み重なって引き起こされることが多いのですが、「ジェット会議法」のプロセスは、会議でそんな爆発が起きるのを防いでくれます。

〈愚痴り屋〉タイプと〈否定人〉タイプ

愚痴や否定的な態度は、「きちんとやる」という、完璧を求めるモードから発生しますが、その後一般化されて、すべてが間違っていて正しいものは何もないという感覚が生まれ、ずっと続きます。しかし、会議のプロセスがきちんと制御されていれば、〈愚痴り屋〉や〈否定人〉が否定的な一般化で皆の士気を損なうことはありません。

ブレインストーミングやマッチングが行われているとき、〈愚痴り屋〉や〈否定人〉が否定的な発言をすると、パイロットは「今はそんな話をするときではありません」と指摘することができます。皆がミスマッチングに移ると、〈愚痴り屋〉と〈否定人〉は自分の否定的な話を楽しみます。しかし、「すべてが間違っている」とフリップに書いても意味をなしませんから、具体例をあげるよう迫られます。具体化することは、問題解決の第一歩なのです。すると、〈愚痴り屋〉と〈否定人〉は煙探知機に変わり、解決すべき潜在的な問題や否定的な基準を指摘するようになります。

〈裁判官〉タイプ

この行動も、「きちんとやる」という、完璧を求めるモードから生じますが、〈愚痴り屋〉や〈否定人〉のように一般化をすることはなく、些細な細部に対して過剰に集中します。しかし、フライト記録によって皆が立体的思考に達し、すべての要素を考慮することができていますし、

「評価」のプロセスを通して、複数の要素に優先順位がつけられ、仕分けされています。発言の時間制限のおかげで、〈裁判官〉がささいな細部にこだわり、皆をコースからはずれさせることを防げます。〈裁判官〉の細部を見る目は制御され、不愉快な混乱を招くことなく、そのスキルを便利に使うことができます。

〈八方美人〉〈優柔不断〉〈何もしない〉タイプ

これらのタイプの問題は、会議にまったく参加しないこと（〈何もしない〉タイプ）や、自分の真意を明らかにせずに全員の意見にただ賛成すること（〈八方美人〉と〈優柔不断〉タイプ）です。しかし、「ジェット会議法」のプロセスでは発言の競い合いはなく、積極的すぎる行動は制御されていますから、これらのタイプも貢献ができるようになります。順番に発言する「行列」を使えば、〈何もしない〉人も発言できるでしょう。たとえ、それまでの発言に賛成です、と言うだけだったとしても。

また、全員が同時に同じやり方で同じ議題に集中しているため、〈八方美人〉〈優柔不断〉〈何もしない〉タイプが貢献しても大丈夫です。プロセスがミスマッチングの段階になると、全員がそのアイデアの欠点を一緒に探します。誰かに反対するわけではありません。会議の出席者はひとつの幸せなチームとなり、協調します。それは〈八方美人〉〈優柔不断〉〈何もしない〉タイプに、本当の気持ちを話す力を与えます。

「危険領域」の行動は、あっという間に会議をだいなしにしかねません。しかし「ジェット会議法」を使えば、その行動がまだつぼみのうちに摘み取ることができます。「危険領域」の行動が他の人の「危険領域」の行動を引き起こすことなく、「協調領域」のポジティブな行動を強化して、生産的で効率的な、高品質の会議をもたらすのです。

他の状況や人間関係において、人を「危険領域」から連れ出すためのさらに具体的な戦略については、『「困った人」との接し方・付き合い方』をお読みください。

会議が変わるとき

ホワイトボードの威力

その重役は、ＩＴアーキテクチャの分科会に出席していました。彼の技術的な情報は必要なかったのですが、出席する権限があったのです。彼はとっぴな意見を出して皆を混乱させるのが常でした。意見を出しておきながら、５分後にはそれと矛盾することを言うのです。まるで、対立と論争を糧として生きているように見えました。その会議の成果はお粗末なものでした。

ある日のこと、私は、会議室の正面にあるホワイトボードに、人々の発言のメモをとりは

じめました。そして何も考えずに、その重役の発言も全部含めました。自分の愚かな発言が書きとめられ、皆に読まれていることに気づきはじめると、彼は挑発的なコメントをするのをやめました。

その方法には、ほかの利点もありました。会議が終わる前に間違いを修正でき、会議中に（会議後ではなく）意見の不一致に対処できたのです。メモのすべてを見ることができましたから、全員の意見の一致が得られるようにもなりました。耳で聞くだけでなく、目でも見ないと情報が処理できない人もいるのです。15年後もまだ、私はその方法をあらゆるときに使っています。（食品製造会社のプロジェクト・マネージャー）

まとめ

◆ジェット会議法

・会議が制御されているという感覚を与える

◆議題欄とプロセス欄によって集中を維持する

・「狙撃」や無関係なコメントを排除する
・脱線を防ぐ
・全員が同時に同じことをすることで、「仲良くやる」という目的を持つ人々を満足させる

◆話す順番を決めて参加者のバランスをとる

・〈博識家〉が会議を支配するのを防ぐ

・消極的な人が参加しやすいようにする

◆時間を尊重する

・会議が予定どおり進み、定刻に終わるおかげで、人々はリラックスし、「危険領域」に入る可能性が減る

パート 4

「ジェット会議法」を導入しよう

14 ジェット会議法とロバート議事規則

議院法規は、議院の主人ではなく、召し使いであるべきだ。
――ヘンリー・M・ロバート将軍

私が仕事をしてきた多くの組織や役員会では、会議の手続きの一般的な基準として、「ロバート議事規則」（米陸軍少佐のヘンリー・ロバートがアメリカ議会の議事規則に基づいて考案した、民主的な会議運営のための規則）がある程度使われていました。この規則は、組織がビジネス会議の秩序を保つためのもので、会社の場合は異なります。本章では、「ジェット会議法」のプロセスを「ロバート議事規則」と統合する方法を扱います。「ロバート議事規則」を使っていない場合は、この章を飛ばしてもかまいません。

「ジェット会議法」のプロセスを使いはじめれば、「ロバート議事規則」の多くは不要となりま

す。それでも、正式な採決や意思決定を行うときには、多くの役員会でこの規則が使われています。したがって、「ジェット会議法」のプロセスを「ロバート議事規則」と統合する必要が生じます。

一般的な「ロバート議事規則」

「ロバート議事規則」の中で最もひんぱんに用いられるものは、次のとおりです。

◆動議

役員会のメンバーが、ある項目について役員会に行動に出てほしいときには、その趣旨の動議を出します。たとえば「私は、1月12日にハワイで役員会を開く動議を提案します」と。厳密には、こういった動議が出されるまでは、その問題についての議論はしません。ただし、小さな役員会の多くは、とくに、議題がビジネスの問題で、決定の前に情報のプレゼンテーションが必要な場合は、「ロバート議事規則」にそれほど厳格にはこだわりません。

◆動議を支持する

動議について議論される前に、支持が必要です。つまり、役員会の他のメンバーが、その問題を会議で扱い、議論と採決を行うべきだということに賛成しなければいけないのです。通常は、動議を支持する人はその動議に賛成しています。ただし、実際には動議に反対しているにもかかわらず、議論をするために動議を支持する場合もあります。

◆質問を求める

議論が終わり、その問題についての採決が行われる前に、メンバーのひとりが質問を求めます。その発言は議長の承認なしに行われることが多く、単にその人の採決の準備が整ったことを示すものです。議長に承認されたら、質問が求められたという動議を提案します。その動議が支持されれば、現在の問題についての議論を終えるかどうかの採決が行われます。議論を終えるためには、3分の2以上の賛成が必要です。もし議長が発言者を承認しなければ、その問題について採決するタイミングは、議長の裁量に任されます。メンバーの承認も、議長の判断に任されます。

◆採決

採決には、声を使う（「賛成なら『賛成』と声を出してください」）か、挙手、あるいは投票用紙を使います。ほとんどの場合、過半数の支持を受ければその議題は可決とされます。

決議をとる際の順序のまとめ

①動議を出す
②支持する
③議論
④動議の修正（動議の提案者と支持者双方の承認が必要）
⑤質問を求める（オプション）
⑥質問を求める動議が出され、支持を受ければ、議論を終えるかどうかの採決をする
⑦修正案を採決する
⑧動議を採決する

「ジェット会議法」のプロセスは、ブレインストーミングとマッチング、ミスマッチングを使って高品質の議論と分析を生み出すために設計されていますから、これらのプロセスが「ロバート議事規則」によって妨害されてはいけません。たとえば、ある議論中に誰かが動議を出し、支持を受けて、その動議についての議論をしなければならなくなったとします。当然、議題とプロセスは急に変更されますし、「行列」に並んでいた人たちは打ち切られることになります。「ジェット会議法」のプロセスにとって、それはまったく不適切です。

「ジェット会議法」を採用する動議

いったん「ジェット会議法」のプロセスを試すと決めたなら、このプロセスを試し、意思決定に関係すること以外では「ロバート議事規則」よりも優先させる、という動議を出す必要があります。必要な動議は、ブレインストーミング、マッチング、ミスマッチング、議論、プレゼンテーション、質疑応答、評価によるアイデアの分析に関して、「ジェット会議法」の議事規則を採用するというものです。必要なプロセスが終われば、動議と採決に関しては「ロバート議事規則」を適用しましょう。

したがって、発言の「行列」に並んでいる人が、自分の番が来たときに動議を提出したければ、「動議を提出したい」と言ってもかまいません。航空管制官はその人の名前の隣に「動議」と書きますが、「行列」は止めません。その議題についての議論は、議事計画に指示されたとおり、最後まで行います。

議論が終われば、パイロットは、動議を提出したいと言った人のところに戻ります。このようにする理由は、他の人の発言を封じるために動議を出すようなことがあってはいけないからです。私の経験では、さらに良い対策は、議論の途中での動議提出を禁じることです。アイデアの分析が終わり、マッチングやミスマッチング、議論が終われば、決議の時が来て、動議の

時間となります。質問の要求も、発言を封じて議論を終わらせるために使われる可能性がありますから、排除されるべきでしょう。

「ロバート議事規則」が使われるのは、通常は、発言の制限時間や議題の時間枠がなく、議論以外の明解なプロセスがないからです。ですから、物事を進めるために、「ロバート議事規則」が必要になるのです。しかし、「ジェット会議法」のプロセスを使えば、はるかに効果的です。はっきりした時間枠を設け、明解なプロセスを用いて、高品質の議論を完遂するほうが、「ロバート議事規則」を使って動議と修正案を求め、決議するよりも優っています。

「ロバート議事規則」を使っている役員会に「ジェット会議法」のプロセスを提案するときには、「ジェット会議法」のプロセスを試して「ロバート議事規則」をうまく調整してもらうために、正式な動議の提出とその支持、採決が必要となるでしょう。「ジェット会議法」のプロセスを使い続けると決定した（おそらくそうなるでしょう）ときにも、その変更をするためには正式な動議と採決が必要です。その組織の手順書や規約に「ロバート議事規則」の使用が明記されていれば、変更を反映させる必要もあります。役員会で「ジェット会議法」のプロセスを使う詳細については、www.dealingwithmeetings.comを参照してください。

会議が変わるとき

偉大なボスのセンターピース

何年も前のことですが、私は新会社の新しい部長で、そのポジションに雇われた最初の女性のひとりでした。初めての大きなプレゼンテーションをする予定で、良い印象を与えたいと思っていました。会議室の中央には大きなテーブルがあり、そのまわりには重役用の贅沢な椅子が並んでいました。そして壁ぎわにはもっと簡素な椅子が並べられていました。会議室には続々と人が入ってきます。

新参者の私は、当然、少し神経質になっていました。最後の椅子が埋まると、私は自分の緊張をほぐそうとして、「次に入ってくる人は、テーブルの上に座らなきゃいけないですね」とジョークを言いました。皆の笑いがまだおさまらないうちに、次に入ってきた人は誰だったでしょう？　そう、最高の地位にある専務取締役だったのです。彼は、皆がなぜ笑っているのか知りたがりました。私はただこう言うつもりでした。「いえ、何でもありません、始めましょう」。ところが、同僚のひとりが、私がさっき口にした、「テーブルの上に座らなきゃ」という話を繰り返したのです。

すると専務は、すぐにそのとおりのことをやってみせました。テーブルに上ると、その真

ん中に、まるでセンターピースのように、脚を組んで座ったのです。そして私のプレゼンテーションが終わるまで、そのままそこに座っていました。

私はなんとか気持ちを落ち着けようとしました。専務はとても感じがよく、私のプレゼンテーションをほめてもくれました。けれども、私はこんな形で第一印象を与えるつもりはありませんでした！（電気通信会社の研究開発部長）

まとめ

◆「ジェット会議法」のプロセスが「ロバート議事規則」を強化するポイント

①発言の順番を管理することで、全員の意見に耳を傾けるようになる
②発言と議題すべてに時間制限を設けることで、質問の要求を不要にする
③フライト記録によって、「基準」を明らかにし、議論を完遂させて、明確で効果的な動議をもたらす

◆「ジェット会議法」のプロセスを「ロバート議事規則」に組み込む方法

①アイデアの分析と議論に関して、一時的に「ジェット会議法」のプロセスを採用する動議を提出する

②アイデアの分析と議論に関して、正式にそのプロセスを採用するための動議を提出し、支持し、採決する
③手順書あるいは規約に「ロバート議事規則」の使用が明記されているなら、その決議を書き加える

15

「困った会議」を変えるには

三振の恐怖に尻込みしてはいけない。

――ベーブ・ルース

組織の習慣や定着した企業文化を変えるのは難しいことのように思えます。おそらく、あなたは会議の運営者ではなく、その犠牲者、つまり、出席者でしょう。心に留めておくべき最も重要なことは、ほとんどの人が会議を嫌っているということです。会議の運営にかかわる人たちに、会議を短縮し、集中を高め、生産力を上げるプロセスを提案することは、まったく問題ないはずです。

「ジェット会議法」のプロセスを導入するステップの全体像は次のとおりです。

①まず、会議の運営責任者に、もっと良い方法があると知らせる
②劇的な利点の可能性について、既成のやり方を打ち破る文書を作成し、提示する
③本書を渡してプロセスを理解してもらい、www.dealingwithmeetings.comを紹介してさらに情報を得てもらう
④実験的に2回試して結果を確かめるよう提案する
⑤責任者が乗り気になったら、会議の参加者と話をして、もっと良い方法があることを知らせ、www.dealingwithmeetings.comの情報を活用して、プロセスを理解してもらう

既存を打ち破る文書

「既成のやり方を打ち破る」戦略を検討してみましょう。それは、革新的なまでに新しいアイデアを効率的にもたらす方法です。組織内の変革を起こすときにも適用できます。

書かれた言葉は強い力を持ちます。物理的に目に見え、同じ状態でずっと残るからです。話し言葉によるプレゼンテーションは、いくらその言葉が力強くても、簡単に忘れられます。説得力のあるプレゼンテーションをしても、話し手が立ち去るが早いか、聞き手の関心を引くものが他にどっと押し寄せ、そのプレゼンテーションはどこかに行ってしまうのです。話し言葉によるプレゼンテーションの情熱の重要さを貶めるつもりではありません。話し言葉のプレゼ

ンテーションをするなら、必ず文書も残しましょう。それによってフォローすることができます。また、他の利点として、その文書を受け取った人がそれを他の人に見せ、味方につけてくれるかもしれません。話し言葉を使った情熱的なプレゼンテーションと文書を組み合わせれば、非常に強力な効果があります。

最初のパートでは、自分の提案が間違いなく重要であることについて、読み手の心理的な同意を得なければなりません。次のパートの目標は、同意を得たばかりのその重要な提案が実現していない、あるいはもっと悪いことに、完全に失われているということを証明して、ショックを与えることです。正確な情報で証明しましょう。3つめのパートでは、最初のパートの目的を満たし、次のパートの問題を避ける、思慮深い解決を提供します。では、それぞれのパートを詳細に見ていきましょう。

【パート1】目的から始める

どの議題にも人々を導く明確な目的があるように、最初の段落の第1行には目的を含めるか、目的そのものを述べるようにします。そのあとで、もっと聞きたいかどうかを質問します。どうして質問するのでしょうか？　それは、読み手に心の中で「イエス」と言わせ、もっと聞きたいと心を開いてもらうためです。質問の例は、次のとおりです。

会議の集中が高まり、皆がお互いの意見に耳を傾けるようになるプロセスについて聞きたいですか？

会議を短縮し、もっと魅力的で効果的なものにする実証済みの戦略について読みました。その方法を使えば、もっと早く、高い品質で物事を処理できるようになります。私たちも実験的にその方法を試してみるべきでしょうか？

会議での対立や脱線を防ぐ戦略について聞きたいですか？

読み手が会議で経験している具体的な問題を考慮し、それに従って書き出しを修正してください。社の取り組みと結びつけてみましょう。もしも予算削減が行われていて、皆が少ない費用で多くのことを成し遂げようとしているなら、こんな文章が説得力をもつかもしれません。

会議を短縮し、なおかつ生産性を上げる戦略を聞きたいですか？　私の調査によれば、年間5万ドルの節約ができます。

どうすれば年間5万ドルの節約法がわかるでしょうか？　すぐにその話にかかりましょう。

社の綱領からインスピレーションを得ることもできます。たとえば、こんなふうに。

社の綱領の柱のひとつは、「人材とチームワークは最も重要な資産です」ということです。しかし、会議の質はそれを反映しているようには思えません。対立を防ぎ、異なる意見を統合し、お互いのアイデアに対する敬意を養うような会議の戦略について聞きたいですか？

この段階で、読み手は頷いているはずです。あなたの提案が重要であることに心理的に同意していますから、パート1の目標はほぼ達成できました。あとひとつ、付け加えるだけです。それは、すべての議題において重要な視点に立ち返ることです。「そこから何を得たいですか？」。読み手にこのアイデアを提案する理由を告げましょう。それは、前に進める力を持った唯一の方法だからですか？　あるいは、前に進める方法に助言が必要だからですか？　常に読み手を導き、その役割を知らせましょう。

【パート2】ショック療法を使う

パート2には、パート1で同意してもらった重要性を否定する実例が含まれます。「私たちはチームワークを評価するといいますが、実際に会議で起きていることを見てください」。2、3

の例を、短く明確に述べましょう。日時、事実、数字を含めます。感情はもちろん、意見も表明してはいけません。事実だけを述べましょう。

そこに含めるべき最も重要な数字は、コストです。この状況やポリシーを続けるのにかかるコストはどれくらいでしょうか？　それらの数字を導き出す方法を３つ紹介します。

◆調査する

数週間の間、すべての会議に定刻に出席し、全員が現れるまで待つのにかかった時間を記録します。人事課に行って、自分のやっていることを伝え、全員の1分当たりの給与額の合計を教えてもらえないか頼みます。その計算は、必ず意思決定の立場にある上司とのみ検討し、会議のプロセスを使う価値を見てもらいましょう。私はその調査で、たくさんの人事課長と話をしました。数字を教えてくれる場合がほとんどでしたが、教えてもらえないこともありました。何らかの理由で教えてもらえない場合は、オンラインのデータベースで、さまざまな場所のいろいろな職の平均給与を参照し、妥当な推測値を出しましょう。

そして計算をします。遅刻者を待って無駄にした分数の平均値を出し、1分当たりの全員の給与額を掛け算します。その金額に、あなたの部署の1年あたりのおおよその会議数を掛け算します。すると、ほら！　衝撃的な数字が出るでしょう。

創造的でなければいけませんが、慎重にふるまいましょう。確信がなく、数字を推定する

必要があったなら、若干控えめな見積もりを出したほうがいいでしょう。そうすれば、その数字を見た人が、実際にはそれよりも多いことを知っていた場合、さらにショックを受けることになります。

◆他で得た数字を使う

「序」で触れたとおり、ウォートン応用研究センターの研究によれば、上級管理職は平均して週に23時間、中間管理職は11時間を会議に費やしています。そして当人たちの意見では、会議の44パーセントが非生産的なものだそうです[1]。

ハリス世論調査によれば、大会社（従業員数１０００人以上）の従業員は、仕事を終えるうえでの最大の障害は、「無駄で不必要な、効率の悪いつまらない会議」だと考えています[3]。

アメリカ合衆国では、毎日３６００万から５６００万件の会議が開かれ、年に７００億から２８３０億ドルにのぼる費用が非生産的な会議にあてられていると推定されています[4]。会議を改善する価値はとても大きいのです。仮に、あなたの会社の経営陣が５人いて、年間の給与がひとり10万ドルだったとします。彼らが週に平均15時間を会議に費やしているとしたら、この５人だけで、会議のコストは週あたり４０７６ドルにのぼります。年間でいうと、21万２０００ドルにもなるのです！　このコストを40パーセント削減できれば、年間

8万5000ドルの節約になります！

ハーバード・ビジネス・レビュー誌は、ひとつの組織の合計時間のうち、15パーセントが会議に費やされているとし、2008年以来、毎年その割合は増加していると報じました[2]。

これらの数字をあなたの会社に当てはめて推測してみましょう。

◆仮の例を出す

他の人の数字に基づいて、仮の例を出すことができます。自分のスケジュールと、同僚のスケジュールを考慮してみましょう。毎週あなたは会議にどれくらいの時間を費やしていますか？ 会議は週に何回ありますか？ そして次の計算をします。

- 毎週会議に費やす時間（分）×週あたりの会議数×52週＝合計時間（分）

それから、44パーセントの会議が無駄であるというウォートン応用研究センターの研究に準じ、合計時間の44パーセントを計算します。その数字の時間を、もっと生産的な活動にあてることができるのです。それは会社にとっては「お金」に相当するのです。

調査、他で得た数字を使う、仮の例を出すという、以上の3つのどれかをやってみてください。全部でもかまいません。

例を出すときには、3つ出すことをお勧めします。なぜ3つか？ それは人間の一般化の特

徴だからです。車の運転中に、立て続けに3回赤信号に引っかかったら、「今日はどの信号も赤だ」と言うでしょう。不機嫌な人間に3人出くわしたら、「今日出会う人間は皆機嫌が悪い」と言います。3回経験しただけで、一般化してしまうのです。ですから、会議のプロセスの導入について部長を説得したいなら、3つの具体例と利益の可能性を示します。部長は、「おお、これは本当に問題だ。それに、節約の可能性はすごく大きい！」という心理的反応を見せるでしょう。そして相手の心が開かれます。解決策を提案するタイミングです。

【パート3】問題の解決

パート3の目的は、その文書によって、あなたのアイデアがどんなふうに問題を解決するか、読み手に十分に理解してもらうことです。読み手が抱くであろう「そのとおりだが、しかし」といった疑問のすべてを取り上げ、あなたの解決法がそれらをどんなふうに処理するかを指摘します。疑問の処理のしかたがまだわからなければ、その存在を認めて、解決法を探すことを示しましょう。そうすれば、読み手がそこで引っかかることはなくなります。たとえば、「全員にこのアイデアに賛成してもらう必要があることはわかっています。会議を改善する実験をやってみたいかどうか、皆に聞いてみることができます」などとします。

獲得できる価値を示しましょう。そのアイデアの導入によって、組織は何を得られるでしょうか。計算に基づき、次のステップに進む準備はできています。最後の段階では、人的価値と、遅刻者を待つことで生じる時間と費用の無駄について計算しました。つまり、年間の会議に費やされる合計分数です。それらの数字を繰り返し、会議で節約した時間を使って生産性を上げ、士気を高められることを付け加えましょう。

慎重になりましょう。仮に、会議の時間の削減が20パーセントだけだったらどうなるでしょうか？　計算してみましょう。その節約時間を使って、全員がもっと生産的なことをして、会社を支えられることを示しましょう。

最後に、あなたの解決法の「基準」を示しましょう。全体的な問題の解決に、なぜその解決法を選んだのでしょうか？　それに費用はかかりませんか？　あらゆる種類の会議に簡単に導入できるでしょうか？「基準」の重要性については、すでに10章で述べました。あなたの解決法が、状況に関連するすべての「基準」を満たすことを示しましょう。

次のステップ

ご存じのとおり、人が反対したり考慮したりするのは、ある「基準」にこだわっているからです。しかし、この「既成のやり方を打ち破る」文書を使って明快にコミュニケーションをとることで、あなたの有利なように事態を導くことができるでしょう。

あなたの「既存を打ち破る文書」といっしょに、本書を渡しましょう。そうすれば、プロセスを理解してもらえます。実験的に試す同意を取りつけましょう。参加者全員が本書を購入することを提案しましょう。それは私の本の売り上げにつながりますが、自分の利益のためにお勧めするわけではありません。重要なのは、このプロセスを全員が理解し、自分のものとすることです。他の会議にもこのプロセスを使える力がつきます。

責任者の賛成を取りつければ、次は同僚に話す番です。会議についてどう思っているかを聞き出し、もっといい方法があることを提案しましょう。「既存を打ち破る文書」を使うこともできます。本書を見せるか渡すかしましょう。あるいは、www.dealingwithmeetings.com の情報を紹介しましょう。

テスト飛行をする

「ジェット会議法」のプロセスを2回試してみることを提案しましょう。会議を短縮し、集中したものにする方法と聞けば、たいていの人が喜んで試すはずです。

皆の同意が得られれば、日程を設定し、必要な準備をします。まず、会議の場所で適切な設備（「行列」用のホワイトボードあるいはフリップ、「フライト記録」用のプロジェクターにつないだコンピュータ）が使えることを確認します。次に、議事計画の作成にあたる責任者を決めます。3つめに、パイロットと航空管制官、フライトレコーダーの担当者を決めます。議事計画に沿って、「ジェット会議法」のプロセスのまとめを参加者に送ります。プロセスを理解したうえで会議に参加してもらわねばなりません。

最初の会議の冒頭で、少なくとも10分間かけて、全員に「ジェット会議法」のプロセスの説明をしましょう。そのとき、音を使う合図をどれにするか決めておきます。それから、このプロセスを使って会議を始めましょう。

会議の最後には、この会議に使ったプロセスについて、マッチングとミスマッチングの時間をとります。通常どおりにフライト記録をとり、全員が発言するよう、順繰りの発言順を使います。このマッチングの間に、できるだけ多くのマッチ点をあげてもらうようにします。ミスマッチングのプロセスに移っても、同じようにします。参加者には、たとえ他の人があげたマッチ点と同じものであっても、自分が賛成であれば、そのマッチ点を繰り返すよう指示します（ミスマッチ点についても同様です）。フライトレコーダーは、マッチ点やミスマッチ点が繰り返されるたびに、その項目の横に印をつけます。そうすれば、プロセスの改善のために何が効果があるのか、何に集中すれば良いのかを、はっきりと目で見ることができます。けれども、まだこのフィードバックに基づいてプロセスを変更してはいけません。少なくともあと1回は試して、プロセスに慣れる機会を与える必要があります。

認定を受けた「ジェット会議法」講師や私を雇って、このプロセスをもっと正式に始めるこ

ともできます。この場合、私たちはあなたの組織の担当者たちにこのプロセスを指導し、彼らが全員に教えることになります。プロセスを習得する最上の方法は、実際にこのプロセスを使って会議を運営することです。内部の担当者を使うことで、プロセスを組織全体に広め、時間と費用を大きく節約しながら、質と生産性を向上させることができるでしょう。

会議が変わるとき

リャマの糞

私たちエンジニアは、問題解決の能力に優れるあまり、ときどき、その問題が正当なものであるかどうか問うのを忘れてしまいます。物事の陰にある理由を追求することは役に立ちます。アメリカ陸軍のリャマのことを考えてみましょう。１９４０年代の初め、陸軍は、リャマの糞の安定した供給を欲していました。航空機の座席に使われる革の処理に必要だったのです。潜水艦攻撃のせいで、南アメリカからの輸送はあてにできません。そこで陸軍は、ニュージャージー州にリャマの群れを飼おうとしました。その試みが失敗するまで、誰も疑問を呈しませんでした。

リャマの糞は本当に必要なのでしょうか、地元に代替品はないのでしょうか？　その後の調査で、アメリカ陸軍は、大英帝国の植民地拡大時代にさかのぼる、英国陸軍のやり方にならっていることが判明しました。元々は、馬の鞍の革処理に使われていた方法です。大英帝国は多くの植民地で騎兵を緊急に必要とし、新兵と訓練されていない馬と新しい鞍を集めました。新しい革のにおいに馬たちは驚き、暴れました。鞍の革にリャマの糞のにおいをつけることで、馬を落ち着かせることができたのです。それから1世紀たっても、軍の航空機の座席の処理に、リャマの糞は使われていたのでした。

（EDNネットワーク〔5〕のエンジニア）

まとめ

◆「ジェット会議法」導入の全ステップは次のとおり

- まず、会議運営の責任者にもっと良い方法があることを知らせる
- 劇的な利益が得られる可能性を説明した、「既存を打ち破る文書」を作成し、提示する
- 本書を渡してプロセスを理解してもらい、www.dealingwithmeetings.com を案内してさらなる情報を取得してもらう
- このプロセスにどんな効果があるかを確かめるため、実験的に2回試してみることを提案する
- 責任者が乗り気になれば、同僚に話をして、もっと良い方法があることを知らせ、www.

dealingwithmeetings.comの情報を活用して、プロセスを理解してもらう

◆「既成のやり方を打ち破る」文書を作成する

【パート1】目的から始める

・読み手が経験する問題を考慮する

・質問の形で目的を述べ、質問で終える

【パート2】ショック療法を使う

・パート1で同意してもらった重要性を否定する実例を提示する

・コストを計算する

　調査をする

　他で得た数字を使う

　仮の例を出す

【パート3】問題の解決

・「そのとおりだが、しかし」という問題を処理する、あるいは認める

　皆に価値を示し、数字で表す

　解決法の「基準」を示す

16 最後の、そして次のステップ

ショットを打たなければ、失敗の確率は100パーセントだ。
——ウェイン・グレツキー（元NHL選手）

目的地に向かって降下を始めた今、あなたは会議を変える戦略を身につけようとしています。ここで、本書があなたのもとに届けられるまでの経緯をかいつまんでお伝えしようと思います。

私の父はドイツ人で、ポーランドのウッチでゲットーに放り込まれました。父はそこでウッチ出身の一卵性双子のひとりであった母と出会い、結婚したのです。1944年8月、彼らはアウシュヴィッツに送られました。一卵性双生児はメンゲレ博士のもとに送られ、実験対象とされるのが常でした。母たちも一度は選ばれたのですが、なんとか逃れることができました。父はガス室送りに3回選ばれましたが、完璧なドイツ語が話せたのと、電気技術を備えていたお

かげで生きのびられました。

　１９４５年1月、赤軍が迅速に進攻していました。ドイツ軍と一般市民は西に向かい、連合軍側に逃げました。アウシュヴィッツは解体され、母たち姉妹は、雪の中で死の行軍をした１０００人の女性の中にいました。退却するドイツ人の最後尾についていたのです。休憩時間には、ロシアの戦車の速度を落とすため、凍った道に溝を掘る作業を命じられました。

　身が凍るほど寒い、1月のことです。着るものもろくになく、飢えていました。食べ物がなかったので、凍った草を食べていました。地面は凍りついていて、弱った身体で掘るのはとても大変でした。

　ある夜、行軍を止めて野営したとき、母は限界に達して泣き出しました。ドイツ人士官が母を呼び、何を泣いているのか問いただしました。母はこう答えました。「これ以上耐えられない。私は凍え、飢えているの。いっそ殺して。もう終わらせたい」

　士官は言いました。「私を見なさい」。母は、士官の青い目をのぞき込みました。その青い目を、母は生涯記憶に刻むことになります。士官は縁なしの眼鏡をかけていました。ドイツ兵の平均年齢よりも年長で、おそらく40代後半だったようです。士官は言いました。「今は死ぬときじゃない。戦争はもうすぐ終わる。死ぬのは私たちで、君は生きるほうだ。君なら大丈夫。ただ慎重でいなさい」。士官は自分のサンドイッチを半分に割き、母に渡しました。そして野営のたき火のひとつの前に立たせ、そこで見張りをするよう命じたのです。

次の日、母は希望を取り戻しました。チャンスを探し、ふたつのことに気づきました。人気のないドイツでの町の行軍中、道路がカーブを描いて曲がっていて、衛兵に姿が見られずにすむ場所がありました。その夜、野営した場所では、衛兵の姿が長い間見えなくなる時間があることに気づきました。衛兵は70名しかおらず、女性たちは１０００人もいたのです。その時間を利用して、母は立ち上がり、歩き去りました。

母は、避難の終わったドイツの村に入り、隠れ場所を探して、一軒の家を見つけました。窓の霜を落としてのぞき込むと、そこには飾り付けされたクリスマス・ツリーがありました。さらにすばらしいことに、ツリーには果物がぶら下がっていました。リンゴです。母は家に入り、リンゴをむさぼりましたが、自由の喜びを味わう暇もないうちに、自分が姉と妹を野営地に残してきたことに気づきました。

姉妹たちはきっと、自分が死んだと思うでしょう。それは「ラクダの背を折る1本の藁」となって追い打ちをかけ、姉妹を打ち砕くかもしれません。そうでなくても、彼女たちがあまり長い間持ちこたえられないこともわかっていました。しかし、母に何ができたでしょう？　母はすでに逃げ出してしまったのですから！　ほんの数秒後、母は考えました。「私に何かできたかもしれないとわかっていながら、残りの生涯を生きていくことはできない。一度できたことなら、2回目もできるはず。こっそり戻ってから、みんなと一緒に逃げよう」

そこで母は、リンゴをいくつか隠し持つと、こっそり姉妹や友人のもとに戻り、２つのチャ

16
最後の、そして次のステップ

ンスについて話しました。姉妹たちもそうすると約束しました。

次の日の行軍で、道がカーブにさしかかり、衛兵から姿が見えなくなると、母たちは脱走しました。母は樽を見つけ、その中に数時間隠れました。外に出たのは、夜になってからです。最初に気づいたのは、静けさでした。そして母は悟りました。「私は自由だ。こんなに簡単に、すべては過ぎ去った」。ひとりずつ姿を現してきた姉妹たちと再会を祝ってから、近くの家に入りました。

クリスマスの飾り付けがされていました。テーブルには4人ぶんの支度が調えられ、ローゼンタールの祭日用の磁器が置かれていました。まるで母たちのために用意されているかのようでした。キッチンには食事が用意されていました。赤軍の進攻を恐れたドイツ人市民たちは、あまりにも迅速に避難したのです。母たちはテーブルにつき、二度と食べられないと思っていた食事をとりました。食事を終えたとき、母はローゼンタールの見事な手描きの磁器を眺めて言いました。「私たちは、皿洗いをするために生きのびたわけじゃないわ」。母たちは全部の食器をテーブルクロスでくるみ、窓の外に投げました。

母は結局、ウッチに戻りました。そこで、帰還する難民を登録して生き残った家族を再会させ、住む場所を探す手伝いをする組織に職を得ました。

ある日、まだ強制収容所の囚人服を着たひとりの難民が入ってきました。母は気づきませんでしたが、その男のほうは母に気づきました。その人は隣家の住人で、母より20歳年上の長姉の親しい友人だったのです。男はわっと泣き出しました。「戦争に何もかも奪われてしまった。きみは俺に気づきすらしなかった。娘たちも、妻も死んだ。俺も死んだほうがよかった。どうして生きのびなきゃいけなかったんだ？」

母は言いました。「娘さんたちは亡くなっていませんよ。先週お見えになりました。皆さんのもとにお連れしましょう」

男は膝からくずおれ、母の手をとって、キスしはじめました。「俺に何ができる？ どうしたらお返しができますか？」

母はただ手を引っ込めて、ぶっきらぼうに言いました。「いつか、私の夫を連れてきてください」

いっぽう、父のほうは、アウシュヴィッツからオーストリアの強制収容所に移され、戦争が終わった次の日まで解放されませんでした。それは母よりも5カ月後のことでした。父は、ウッチに家族のいるもうひとりの難民とともに、ポーランドに戻る旅を続けました。その難民の家族はウッチで薬局を開いていました。到着したとき、父たちは真っ先にその薬局に行きました。町に新たな難民が到着すると、人々は取り囲んで素性を問い、誰を探しているのか訪ねます。父は探している人の名をあげました。ひとりの男が前に出て、こう言いました。「俺はシモーンを知ってる。彼女のところに連れていこう」。そしてその男は、母のもとに父を連れていきました。

16
最後の、そして次のステップ

１９４５年の、ひとりのドイツ兵士の決断が、時を超えて、今、私をあなたと巡り合わせてくれました。私の両親を生きのびさせてくれた奇跡のすべてと、あなたの人生の数多くの奇跡が、私たちを結びつけ、本書をあなたの手に渡してくれたのです。

本書に書いた戦略があなたに力を与え、あなたのかかわるグループすべてがさらに成功して、世界が良い方向に変わることを願います。あなたなら大丈夫！　あなたは今、対立や両極化をコミュニケーションと協調に変える能力を備え、変化をもたらす存在となったのです。

思慮深く熱心な市民の小さなグループが
世界を変えられることを疑ってはいけません。
世界を変えてきたのは、
まさにそういった人たちなのです。

――マーガレット・ミード

謝辞

本書の執筆にあたっては、多くの人が協力してくれました。

まずは、アウシュヴィッツを生きのび、ニューヨークに来て私を育ててくれた父と母。なかでも、5歳のときに「ごみ集めになりたい」と言った私に、「医科大学を卒業したら何にだってなれるよ」と言ってくれた母に、特別な感謝を捧げたいと思います。そのおかげで私は、実証的医療にもとづきながらも、健康とその回復、そして最適な健康状態に重点をおく自然療法医になることができました（自然療法医についてはnaturopathic.orgをご参照ください）。

ドウトン博士にも感謝します。博士は、私が大学3年生のときに心身医学の道に目を向けるきっかけをつくってくれ、人間関係が健康や幸福におよぼす影響について考えさせてくれました。

良き友人にして自然療法医の同僚であり、共著者であるリック・カーシュナー博士は、世の中を改善すべく、私とともにセミナーの旅に出てくれました。

アメリカ自然療法医連盟は、7年におよぶ私の「圧政」に耐えてくれました。本書の内容のほとんどはそこで生まれたものです。

すばらしい芸術家であり、思慮深いセラピストでもある38歳の妻リサは、わが家を創造的な環境に整え、本書を生み出させてくれました。

娘のカーレは、子どもとしていつも楽しい存在でいてくれ、大人としては自分の価値観に従って生き、世界に肯定的な変化を与えてくれました。

そして私の友であるネコ、ニーリックスとリーラは、机のかたわらで喉を鳴らしながら、いっしょに散歩に出かけるまでじっと待っていてくれました。

補足情報

本書に関連する情報は、次のサイトをご参照ください。

www.DealingWithMeetings.com

他の著書や視聴覚資料、トレーニングキットなどは、次のサイトをご参照ください。

www.rickbrinkman.com
YouTube: Dr. Rick Brinkman
Facebook: Conscious Communication

リック・ブリンクマン博士は定期的に、基調講演と、学びたい目的に合わせたカスタムトレーニングを行っています。スケジュールの空き状況や、リック博士があなたのお役に立てるかどうかを確認したい方は、次のアドレスまでメールでご連絡ください。

seminars@rickbrinkman.com

オンライン講座「意識コミュニケーションの大学」

著書『「困った人」との接し方・付き合い方』の内容に従った、7時間の興味深い映像とインタラクティブなトレーニングを用意しています。

質問のある方や、認可を受けた企業内講師について知りたい方、認可講師になりたい方、コミュニケーションや会議に関するご自身の成功談を教えてくださる方がいらっしゃれば、喜んでお話をお聞きします！　次のアドレスまで、ご遠慮なくメールをお寄せください。

dr.rick@rickbrinkman.com

著者について

リック・ブリンクマン博士は、リーダーシップ、チームワーク、顧客サービス、効果的な会議に関する意識コミュニケーションのテーマにおいて、最高クラスの基調講演者であり、講師でもある。

１９８７年に勤務医として働きはじめ、基調講演やトレーニング、インタビュー、数多くのベストセラー著書、映像、聴覚教材などによって、何百万もの人々に専門知識を分け与えている。17カ国で４０００以上のプログラムを行い、人間行動に関する洞察と実用的なコミュニケーション戦略を教えてきた。教えるコミュニケーション・スキルが記憶に残るよう、スタンダップ・コメディや物語を使った、ユニークで楽しいプレゼンテーションのスタイルで有名。

クライアントには、ＮＡＳＡの宇宙飛行士グループや国防次官室、ＦＢＩ、ルーカスフィルム、ソニー・ピクチャーズ、ボーイング、ロッキード・マーティン、テキサス・インスツルメンツ、メルク、アドビなど、多数の組織や職能団体が含まれる。

コミュニケーションの専門家として、ウォール・ストリート・ジャーナル紙、ニューヨーク・

タイムズ紙、ＵＳＡトゥデイ紙、Ｏマガジン誌などの出版物のほか、ＣＮＮ、ＣＮＢＣなどのラジオやテレビにも度々登場している。

リック・カーシュナー博士との共著『「困った人」との接し方・付き合い方』（邦訳：パンローリング）は国際的なベストセラーとなった。この本は現在第３版が刊行され、25カ国語に翻訳されている。共著書には他に、*Dealing with Difficult People Dealing with Relatives*、*Life by Design*、*Love Thy Customer*がある。

さらに詳しい情報は、ウェブサイトを参照のこと。


www.DealingWithMeetings.com

www.rickbrinkman.com

リック・ブリンクマン博士のメールアドレス

dr.rick@rickbrinkman.com

注

1　ダニエル・ゴールマンの論文「会議が失敗する理由を説明する近年の研究」（１９８８年6月7日）。この研究はウォートン応用研究センターの心理学者リン・オッペンハイム博士によるもの。

2　マイケル・マンキンズ「波及効果」（ハーバード・ビジネス・レビュー誌２０１４年４月８日号）

3　求人サイト「CareerBuilder」のためのハリス世論調査（２０１５年2月11日～3月6日）

4　エリス・キース「５５００万：新たな視点で見るアメリカの会議の数、効率、コスト」（ブログ「明快な会議」２０１５年12月４日）
http://blog.lucidmeetings.com/blog/fresh-look-number-effectiveness-cost-meetings-in-us

5　リチャード・クィネル「リャマの糞に気をつけろ」（ＥＤＮネットワーク、２０１５年5月19日）

■著者紹介
リック・ブリンクマン（Dr. Rick Brinkman）
25カ国語に翻訳された国際的なベストセラー『「困った人」との接し方・付き合い方』（パンローリング）の共著者。リーダーシップ、チームワーク、顧客サービス、効果的な会議、人の最上の部分を引き出し、多くの優先事項を管理する方法などに関する意識コミュニケーションのテーマにおいて、最高クラスの基調講演者、講師。
www.rickbrinkman.com

■訳者紹介
菊池由美（きくち・ゆみ）
大阪府出身。京都大学卒業。旅行会社などに勤務したのち、翻訳を手がける。訳書に、『「困った人」との接し方・付き合い方』（パンローリング）、『ホーリー・カウ』（小学館）、『ダーウィンと進化論』（玉川大学出版部）など。京都在住。

■翻訳協力：株式会社リベル

2018年１月３日 初版第１刷発行

フェニックスシリーズ ㊸

「困《こま》った会議《かいぎ》」の進《すす》め方《かた》・まとめ方《かた》

著　者　　リック・ブリンクマン
訳　者　　菊池由美
発行者　　後藤康徳
発行所　　パンローリング株式会社
〒160-0023　東京都新宿区西新宿 7-9-18　6階
TEL 03-5386-7391　FAX 03-5386-7393
http://www.panrolling.com/
E-mail　info@panrolling.com
装　丁　　パンローリング装丁室
印刷·製本　株式会社シナノ

ISBN978-4-7759-4186-7
落丁・乱丁本はお取り替えします。

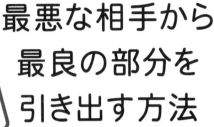

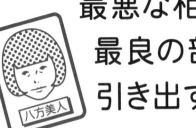

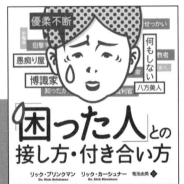

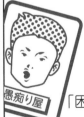

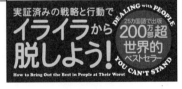